MYNAVI BUNKO

あなたの恋愛がうまくいかない本当の理由

傷ついた心を癒す恋愛セラピー

阿妻靖史 著

マイナビ

はじめに

「仮面を外せないことが本当の問題だ！」
あるとき、そう気づきました。

私は、恋愛セラピストとして、恋愛がうまくいかない方の相談に乗り、アドバイスをしたり、心理セラピーを行ったりしています。その中で、「どうして恋愛がうまくいく人と、うまくいかない人がいるのだろう」と日夜答えを求め続けていました。

世間では、恋愛本や雑誌の恋愛特集で書かれているような方法を実践すれば、恋愛はうまくいくと思われています。確かに、恋愛経験、人生経験が浅いうちは、それらの方法を知ることも有効かもしれません。

でも、恋愛はそんな単純なものではありません。恋愛がうまくいく方法を知ってはいても、実際はうまくいかないという人もたくさんいます。

「感情的になって、どうしても彼を責めてしまう」とか、「恋愛本を参考にしても、結局無理をしているようで長続きしない」とか。

さらには、「出会いがない」「いつも頼りない男が寄ってくる」など、本人の努力よりも「恋愛運に恵まれていない」といえるような問題を抱えている人もいます。

恋愛セラピーの現場でこうした悩みと向き合いながら、ついに私は一つの結論にたどり着いたのです。

「呪いの仮面を外せば、恋愛はうまくいく」

「呪い」というのは、ここでは、本人の意思の力ではなかなか逆らえない、無意識の中に抑え込まれた感情や考え方のことを指します。多くの場合、子ども時代の親との関係や、大きな失恋、身内の死などの喪失体験などによって作られます。

「仮面」というのは、他人と関わる上で演じている「役割」のこと。あるいは、「私はこんな人」という「セルフイメージ」のことです。

無理して「いい人」を演じてみたり、ひとりでがんばって「できる人」を演じてみたりと、「仮面」は誰でも持っているものですが、それが「呪い」によって外れなくなっていると、恋愛がうまくいかなくなり、かつ苦しくなるのです。

自分のキャラクターが固定化していて、場面に応じて変えられないと感じる人は、ひょっとすると「呪い」がかかっているのかもしれません。

また、「出会いがない」「恋愛運に恵まれない」「まるで呪いでもかかっているようだ」と感じるとき、心に抱えているネガティブな感情や考え、つまり「呪い」によって、仮面が外れなくなっていることも少なくありません。

「呪い」を解き、自分の意思で仮面を外せるようになると、恋愛はぐっと楽になり、力を抜いて自然体のおつき合いができるようになるのです。

本書では、私のガイドにしたがって、まずあなたがかぶっている「呪いの仮面」を見つけていきます。

ただし、**「呪いの仮面」を見つけても、「外そう」と考えただけでは外れません。**それが「呪い」のしわざ。ですから、「呪い」の正体を見つけ出し、それをどうやって解けばよいのかについても、心理学に基づき、丁寧に解説していきます。

　さあ、私と一緒に、自然体で幸せな恋愛を手に入れる、心の旅に出かけましょう。

あなたの恋愛がうまくいかない本当の理由　目次

第2章　尽くしすぎる『自己犠牲タイプ』はこんな人

第3章　相手に頼れない『自立タイプ』はこんな人

第4章　恋愛がうまくいかなくなる「呪いの仮面」とは？

第5章 「呪いの仮面」を外すための恋愛セラピー

終章　仮面を外すのが怖いというあなたへ

序章

あなたはどのタイプ？
四つの仮面物語

ここでは、代表的な「呪いの仮面」をかぶった三人の女性と、
仮面の呪いを乗り越えたひとりの女性、
それぞれが主人公の物語をご紹介します。
違いが際立つように、
主人公以外の登場人物と設定は、
ほぼ同じにしてありますので、
どのタイプが自分に近いかを想像しながら
読んでみてください。

被害者意識が強い
『依存タイプ』

敦子

［呪いの仮面］……かわいそうな人

元気で感情豊かな女性。人と関わるのは好きだが、人の好き嫌いがある。不安が高じると感情的になりやすい。恋愛では、順調なときはいいが、彼と会う機会が少ないなど、寂しく不安な状態が苦手。

愛される
『女神タイプ』

陽子

［呪いの仮面］……なし

陽気でよく笑い、人と関わるのが好きな女性。無邪気な一面もあるが、嫌なことを上手に受け流せる大人の一面もある。恋愛では「受け取り上手」「見守り上手」で、激しさはないが穏やかな恋愛をしている。

浩一

交際相手の優しく頼もしい男性。会社でも期待されていて、最近仕事が忙しい。機嫌よく接してくれる女性が好き。交際が行き詰まってくると、他の女性に目が向く一面もある。

相手に頼れない

『自立タイプ』

香織

［呪いの仮面］……できる人

さっぱりしたあねご肌の女性。職場では信頼が厚く、男女を問わず信頼されている。恋愛偏差値が低いのが目下の悩み。恋愛が長続きしない。なぜか依存的な男、ダメ男を引き寄せることが多い。

尽くしすぎる

『自己犠牲タイプ』

泰子

［呪いの仮面］……いい人

我慢強い女性。おっとりしているとよく言われる。ただし、自分の気持ちより相手の気持ちをいつも優先してしまうことが本人としては苦しい。恋愛は表向きうまくいくが、相手の要求をいつも飲んでしまうので、ひとりで苦しむことが多い。

メグミ

ライバルとして登場する女性。とてもかわいらしいが、感情の起伏が激しく、思うままに行動する。

『女神タイプ』 陽子の物語［呪いの仮面］……なし

「ごめん。最近仕事が忙しくて」

二回連続のデートキャンセルで、浩一は電話の向こうですまなそうに謝っている。

「ううん。いいよ。浩ちゃんいつもお仕事がんばってるもんね。やっとチャンスがめぐってきたんだね。私もうれしいよ」

「そうか。そう言ってくれるとうれしいなぁ。今は勝負どころなんだよ」

「うん。でもね。私にとっては浩ちゃんが元気の素だから。今度時間ができたら、ちょっとでいいから会ってくれる？　それまでは待ってるから」

「ありがとう」

（そうか。職場でも必要とされているけど、陽子にも必要とされているんだな……）

陽子はこれまでも、浩一の好意を全身で受け止め、感謝して喜んできた。いつも、

「あなたが必要」「あなたが好き」というメッセージを言葉や笑顔で伝え続けてきた。

陽子の恋愛必勝の秘訣は、「傷つくことを怖れず、まず自分から相手に愛情を向ける」ことだった。そうすることで、結果的に相手が自分に近づきたくなるのだ。

これはテクニックというより、勇気を出して全身で飛び込む感じだ。相手に追わせようという意図はなかったし、必要があれば、ちゃんと自分から「距離を半歩詰めて」関係を維持してきた。

半月後

「陽子。今度の週末、少し休めそうなんだ。疲れてるから、あんまりいろいろできないと思うけど、会ってくれないかな？」

「うん。やった！　浩ちゃんと一緒にいられたらそれだけでうれしい」

電話でも、うれしいことが十分に伝わる明るい返事だった。

その週末、流行りのデートスポットに現れたふたりは、まるで幸せ色の空気に包まれたように、心から楽しそうだった。

女性の影

陽子は、最近不安に思っている。浩一は確かに、陽子のことを大切に思ってくれている。でも、何か胸騒ぎがするのだ。

その理由の一つは、今まで陽子以外とは携帯メールをしなかった浩一が、誰かとメールしていること。先日たまたま置いてある携帯にメールが着信した瞬間、女性の名前が表示されたのを見てしまったのだ。

（浩ちゃんに限ってまさかね……。でも……）

陽子は不安だったが、結局自分にできることは、浩一と一緒にいる時間を楽しいものにすることだけだと割り切って、今まで通り振る舞うことにした。

実は、浩一は最近メールをやりとりしている女性、メグミに少し気を引かれていた。陽子の女の勘は当たっていたのだ。メグミはとてもかわいい女性だった。くりくりっとした瞳。小柄で元気な女の子だ。メグミも浩一のことが好きだった。

メグミはしかし、待てなかった。浩一が陽子と仲良くしていることを想像すると、頭の中がカアッとなって、いても立ってもいられなくなる。ついに、やってはいけないと思いながら、浩一にメールで脅《おど》しをかけてしまった。

「浩ちゃんが、その彼女と別れてくれないのなら、私たちの仲をばらすよ！」

浩一は、このメールで目が覚めた。

（確かにメグミはかわいい。でも、こういう嫉妬深い女の子とつき合ったら苦労するに違いない）

そう思った途端、メグミへの気持ちがすっかり冷めてしまった。ちょっとした冒険を楽しんだけれど、やっぱり陽子の元に戻ることにした。

そして、この小さな試練が終わった次の週末。楽しそうなふたりがいた。

「浩ちゃんは、私と一緒にいるとき、本当に楽しそうだね」

「え？　そうだな。確かに楽しいよ」

きっとこのふたりは、この先も幸せな気持ちで過ごすだろう……。

『女神タイプ』解説

陽子には「呪いの仮面」がありません。ですから、自分本位になることもなく、相手に無理して合わせることもなく、いつもお互いが心地よく過ごせるような行動を選択することができます。

男性は、「自分が彼女の役に立っていない」、あるいは「自分のせいで彼女を不幸にしてしまった」と感じることに耐えられません。

そのあたりをよく理解している陽子は、彼がデートのキャンセルをしてきたときでも、できるだけネガティブな反応をしないようにしています。

もしもここで不機嫌な態度をとってしまうと、彼は「俺はこの子を幸せにする力がない」と自分を責め、自信を失うことになります。ですから、こういう場面では陽子のように淡々と振る舞い、男性に感情的な負担をあまりかけない女性が愛されるのです。

もちろん、陽子は嫌われないために我慢しているのではなく、「浩一の幸せも自分の幸せ」と心から感じて、そうしているのです。

喜びの感情も、陽子は生き生きと表現しています。これも愛される秘訣です。

男性は、「自分はこの女性を喜ばせられる。幸せにできる」と思うとやる気が出てきます。男性は、物質的な負担には強いのです。ですから、男性から、食事をご馳走されたり、プレゼントなどを贈られたりしたら、喜んで受け取ればよいのです。

「呪いの仮面」を外して、陽子のように上手に男性を支えることができると、ずっと大切にされる女神のような存在になれるのです。

『依存タイプ』敦子の物語［呪いの仮面］……かわいそうな人

「ごめん。最近仕事が忙しくて」

浩一は電話の向こうですまなそうに謝っている。

「うん。わかった」

敦子はそう言ったものの、激しく心が乱れ、イライラを抑えるのが精一杯だった。

何せ、浩一のデートのキャンセルは二回連続なのだ。

（敦子、怒ってるみたいだな……。何だか次は電話しづらいな……）


敦子は気性が激しく、それが原因でよく浩一とケンカになる。今回の件は、よく我慢したと自分をほめてあげたいぐらいだ。その努力が浩一にわかってもらえないのが悔しい。

半月後

「敦子。今度の週末、少し休めそうなんだ。疲れてるからあんまりいろいろできないと思うけど、会ってくれないかな？」

「うん。わかった……」

敦子はそう答えるのが精一杯だった。本当は、今まであまり会ってくれなかったことに対する不満が噴出しそうなのだ。

（敦子、何だか不機嫌だな。はぁ、どうしようかな……）

その週末、ふたりは流行りのデートスポットに現れたが、どこか不満そうで、ふたりでいることを心から楽しめていないようだった。

女性の影

敦子は、不安で胸が張り裂けそうだし、怒りが爆発しそうなのを必死でこらえている。浩一はたぶん、敦子のことを大切に思ってくれている。でも、とにかく胸騒ぎがするのだ。

その理由の一つは、今まで敦子以外とは携帯メールをしなかった浩一が、誰かとメールしていること。先日たまたま置いてある携帯にメールが着信した瞬間、女性の名前が表示されたのを見てしまったのだ。その瞬間、敦子の心は沸騰するようにカアッとなった。その場に浩一がいたら、罵倒していただろう。

(浩一に限って……どういうこと?)

敦子は激しい怒りを覚えていた。裏切ったら許さない……。

「ねぇ、浩一。あなた、誰か別の女の人とメールしているんじゃないの?」

ある日、浩一と会った敦子は、こう問い詰めた。敦子は意識していなかったが、その声はまるで、旦那の何年もの浮気を問い詰め、責める妻のように冷たく、殺気立っていた。

(うわ! 敦子、怒ってる。ヤバい。機嫌悪いよ。どうしよう……)

浩一は固まってしまった。敦子のことは好きだけれど、実は最近別の女性が気になっている。心の中で白黒ついていない気持ちを相手に説明するのは苦手なのだ。

「……」

浩一は沈黙することしかできなかった。

（何？　何も言わないわけ？　そうやって逃げるなんて卑怯よ！）

敦子は口に出さないよう必死で我慢していたが、心の中では浩一を激しく罵倒していた。

「何か言ってよ」

敦子は、できるだけ穏やかに言ったつもりだったが、その言葉は氷のように冷たく響き、浩一の心に鋭く突き刺さった。

長い沈黙の時間が流れた。浩一は、何をどう説明したら敦子を怒らせずにすむか必死で考えてみたが、今の敦子には何を言っても怒られるような気がして、結局何も言えなかった。

「もう、今日はやめようか」

ついに敦子が言った。実際、このまま話をしても、埒《らち》が明かないのはあきらかだった。

別れて帰る途中、敦子はこんな言葉を頭の中で繰り返していた。
（浩一が悪いのよ。浮気なんて最低。もし裏切ったら許さない！）

その後、ふたりの関係はギクシャクしてしまった。敦子が連絡をすれば、浩一は折り返し連絡してくれるが、向こうから連絡が来ることはほとんどなくなってしまった。敦子が会おうと言えば会ってくれるけれど、以前のようにラブラブな感じはなくなってしまった。

会っていても、息が詰まるような感じがする。言いたいことはたくさんあるけれど、もう一度浩一を責めたら、間違いなく逃げていくだろう……。

『依存タイプ』解説

敦子は、「かわいそうな人」の仮面が外せなくなっています。自分の欲求はいつでも相手が満たしてくれるという期待、幻想を抱いていて、相手がそれに応えてくれないと「私ってかわいそう」という顔をするのです。

そして、「何で会ってくれないの？」「何で連絡してくれないの？」などと、疑問形で詰問する傾向があります。

その言葉の裏には、「私の寂しさを埋めてくれて当然でしょ？」「私が不安にならないように連絡してくれて当然でしょ？」と、相手が自分の欲求を満たしてくれることを当然と見なす心が隠れています。つまり、相手に「依存」しているのです。

本当は、抑え込んでいる寂しさや不安を自分で解消する自信がないことが問題なのですが、そのことに気づいていないか、うすうす気づいていても、自分ではどうしようもないので、相手に責任転嫁してごまかしています。

このタイプの人と交際した人は、期待に応えられないと責められるし、期待を上回ることをやり続けないと喜んでもらえないので、次第に疲れてしまいます。そして、結局ケンカになって、関係が終わってしまうというパターンに陥りがちです。

仮面の呪いを解き、その下に抱え込んでいる感情をうまく解消すれば、感情の激しさが十分の一になります。その具体的な方法は後述しますが、ここでは、意識的にがんばるのではなく、自動的にわいてくる強い感情を解消することができるとしたら、あなたの恋愛はどれだけ楽になるかを想像してみてほしいのです。

このタイプに自分が近いと思う人は、第1章「被害者意識が強い『依存タイプ』はこんな人」をお読みください。

『自己犠牲タイプ』泰子の物語［呪いの仮面］……いい人

「ごめん。最近仕事が忙しくて」

二回連続のデートキャンセルで、浩一は電話の向こうですまなそうに謝っている。

「ううん。いいよ。浩一、いつもお仕事がんばってるもんね。やっとチャンスがめぐってきたんだね。私もうれしいよ」

「そうか。そう言ってくれるとうれしいなぁ。今は勝負どころなんだよ」

「そうだね。お仕事がんばってね」

「ありがとう」

（泰子は何でも受け入れてくれるなぁ。でも何か、悪いなぁ……）


泰子はいつでも、相手の意見を全部受け入れてきた。それが愛だと思ってきたし、自分のわがままでふたりの関係を壊したくなかったから。

泰子の恋愛は、友達に言わせると「相手に嫌われたくないばかりに、自分をなくして相手に合わせてしまう」傾向があるらしい。

そう言われても、泰子の中では、自分より相手を優先することは当たり前だし、今更変えろと言われてもすぐには変えられない。

半月後

「泰子。今度の週末、少し休めそうなんだ。疲れてるからあんまりいろいろできないと思うけど、会ってくれないかな？」

「うん。いいよ。ようやく会えるね」

（あ、何か寂しそうだな。ずいぶん我慢させちゃったかな）

浩一には、泰子の声が不満そうに聞こえた。

その週末、流行りのデートスポットに現れたふたりは、傍目にはとても楽しそうだった。ただ、浩一は少し気になっていた。

（泰子は自分の気持ちをいつも言わないからな。本当に楽しいのかな……）

女性の影

泰子は、最近浩一に対して恨みにも似た気持ちを抱えて、とても苦しく感じている。浩一は確かに、泰子のことを大切に思ってくれているようだ。でも、激しく胸騒ぎがするのだ。

その理由の一つは、今まで泰子以外とは携帯メールをしなかった浩一が、誰かとメールしていること。先日たまたま置いてある携帯にメールが着信した瞬間、女性の名前が表示されたのを見てしまったのだ。

(浩一に限ってまさかね……。でも……)

泰子は、胸の中がかきむしられるような不安を感じていた。今までこんなに大切に思い、尽くしてきたのに、捨てられるなんて耐えられなかった。

(浩一に捨てられたら、生きている意味もわからない……)

泰子にとって、浩一から別れを告げられることは、自分の存在価値を否定されることに等しいのだ。それだけは、何としてでも避けなければならない。

泰子は、これまでも浩一の一挙手一投足に、常に気を配り、浩一の機嫌を損ねないように神経質といえるほど気を使ってきたが、それが最近一層ひどくなっている。

今や、生活が完全に浩一の機嫌を中心に回ってしまっている。傍から見て痛々しいほどだ。友達にも「あんた、その彼と一緒にいて楽しいの？」と聞かれることが多くなった。


実は、浩一は最近メールをやりとりしている女性、メグミに少し気を引かれていた。正直言って泰子は少し重いのだ。メグミはとてもかわいい女性だった。

泰子と一番違うところは、自分の要求をハッキリ言うことだった。

泰子は不満がありそうなのに「大丈夫だよ」「私はいいから」「浩一の好きなようにして」と言うのだ。

泰子とつき合うのは気疲れする。浩一はメグミと出会ってそれに気づいてしまった。

メグミも浩一のことが好きだった。メグミは待てない性格だ。浩一が泰子と仲良くしているのを想像すると、頭の中がカアッとなって、いても立ってもいられなくなる。

このような場合、先に取り乱した方が負け。泰子には十分に勝ち目があったのだが、残念ながら忍耐力が足りなかった。

泰子は耐えられなくなって、浩一の携帯メールをのぞいてしまったのだった。

そして、「今度いつ会える?」「メグミといると楽しいよ!」というような、メグミと浩一の熱々のやりとりを読んで、呆然となってしまった。頭の後ろの方がジーンとしびれて、体中の力が抜けていった。

そして、そのショックが少し落ち着いてきた頃、猛烈な怒りを感じた。

(今までこんなに尽くしてきたのに、許せない!)

次の週末、泰子は浩一を呼び出した。携帯メールの件で話し合いをするためだ。

「メグミちゃんとは友達だよ」

浩一はそう言ったが、泰子は納得できなかった。

しかし、体の関係があるわけでもない女性との関係を「気があります」「次の恋人候補です」と説明する男性はいないだろう。話し合いはどこまで行っても平行線だった。

（私はこんなに浩一に尽くしてきたのに、裏切るなんて許せない！）

ついに泰子は泣き出してしまった。こんなに不安で寂しいのに、浩一はわかってくれない。自分を守る発言ばかりで……。

「私のこと、もう好きじゃないの？」

そう言って泰子が目を上げると、浩一が困惑した表情を浮かべている。泰子の顔を見て、浩一の顔が引きつった。

（うわ、一生分の恨みをぶつけようとしているみたいだ……）

結局その日の話し合いは結論が出ないまま終わった。そして、その後浩一からの連絡はなくなってしまった。

『自己犠牲タイプ』解説

泰子は、「いい人」の仮面が外せなくなっています。自分を犠牲にすることで「いい人」を演じ、相手から嫌われないようにしているのです。そして、「自分には価値がない」「だから捨てられるかもしれない。怖い」という思いを必死に隠しています。

このタイプの人は「いい人」なので、身勝手な彼に振り回され、利用される傾向があります。また、多くの場合、怒りを心の奥底に飲み込んでしまっています。そして、心の奥底に飲み込んだ怒りは、まわりの人に移ることがあります。「本当は怒っているのにいい人ぶっている」人に対して、怒りに敏感な人が腹を立てるのです。

そのため、このタイプの人はいじめられやすい傾向があります。しかし、「いい人」の仮面を外せず、怒れないので、その攻撃をはねつけることができません。

また、我慢が限界を超えたときに突然怒り出したり、突然別れを切り出して相手をびっくりさせたりします。また、うつ病や他の病気になってしまうこともあります。

人の価値は、経済的な成功のみで測れるものではありません。また、性的な魅力のみで測れるものでもありません。あなたがいることで、誰かがほっとしたり、勇気をもらえたりなど、精神的な部分も含めて、あなた自身の価値を見つめ直してみてください。

本書に書いてあるワークを行ううちに、自分の価値を信じられない原因として、小さな頃にほめてもらった経験が少ないということに行き着くかもしれません。ぜひ、それをきっかけとして、心の中にあるまだ十分成長できていない部分を発見し、さらなる成長につなげていってください。

このタイプに自分が近いと思う人は、第2章「尽くしすぎる『自己犠牲タイプ』はこんな人」をお読みください。

『自立タイプ』香織の物語［呪いの仮面］……できる人

香織はしっかりした大人の女性だ。職場での評判もいいし、友達からも頼りにされている。

でも、香織は最近悩んでいた。それはひと言でいうと「いい男がいない」ということだ。頼りがいのある男性は既婚者の場合が多いし、寄ってくるのは、どこか頼りない男が多い。甘えられてしまう。そして、そんな男の姿を見るとうんざりするのだ。

実際、香織にはここ二年ほど恋人がいない。

職場の男性の同僚に「香織は男がいなくても生きていけるからね～」とひどいことを言われたが、確かに自分でも、そうかな、と思ってしまうことがある。

でも、香織には最近彼氏がいない理由があった。友達にもよくこう言っている。

「前の恋愛が、ずいぶんとこたえたんだよね～」

そう、香織の前の恋愛は、こんな風にして終わったのだ。

「ごめん。最近仕事が忙しくて」

浩一は電話の向こうですまなそうに謝っている。

「わかった。仕事、うまく片づけてね」

そう言いながら、香織は正直、浩一にがっかりしていた。仕事の段取りをしっかりつけて時間を作るのは、社会人として当然のはずだ。それなのに、浩一は二回も連続でデートをキャンセルしてきたのだ。

（香織ちゃん、怒ってるだろうな。仕事の段取りの悪い僕が悪いんだけど……）

香織は会社でも仕事ができる、期待の社員だ。いつも光り輝いている。浩一は、こんな才色兼備の女性と交際できる自分は何て幸せなんだろうと感じている。

ただ、浩一は香織といると、息が詰まるというか、萎縮して言いたいことが言えなくなってしまう。

半月後

「香織ちゃん。今度の週末、少し休めそうなんだ。疲れてるからあんまりいろいろできないと思うけど、会ってくれないかな？」

（疲れているなら、仕事に目処《めど》をつけて休めばいいのに）

香織は心の中でそう思った。

「……うん。わかった。のんびりしよう。あ、〇〇においしいお店ができたんだって」

その週末、ふたりは流行りのデートスポットに現れた。香織は楽しそうだったが、浩一は少し疲れている様子だ。

突然の告白

「別れてほしい」

浩一の突然の言葉に、香織は頭の中が真っ白になってしまった。

「どうして？　今まで楽しくやってきたじゃない？」

「いや、僕じゃ香織ちゃんに釣り合わないと思って……」

（何それ！　私が嫌いとかじゃなくて？）

でも、結局香織は、突然の別れ話を受け入れるしかなかった。「僕じゃ釣り合わない」という理由では、香織ができることは何もないから、どうしようもなかったのだ。

それに、本当は認めたくないが、確かに香織は浩一のことを自分よりも低く見ていたのだ。

「あ～あ。頼れる男、いないかなぁ」

その後、香織にはずっと彼氏ができない。ただ、香織の心を煩《わずら》わせるのは、彼氏ができないことよりも、むしろ頼りない男ばかり寄ってくることだ。職場でも、オフの友人関係でも。

先日も、職場でこんなことがあった。

「香織先輩、ちょっとここがわからないんですけど、教えてもらえますか？」

香織は後輩の男性社員から質問や助言を求められることが多い。見てみると、職場にあるマニュアルを見ればわかるような初歩的な問題でつまずいている。

「マニュアルがあるでしょ？　そこの○○の項目に詳しく説明してあるから、それを見たら大丈夫よ。要するに△△するってこと」

「はい。ありがとうございます。お忙しいところ、ご迷惑をおかけしてすみませんでした」

（迷惑をかけていると思うなら、ちゃんと勉強しておけばいいのに……）

大体いつも、こんな調子なのだ。

自分が、何か頼りない男を引き寄せるにおいでも出しているのだろうかと思うぐらい、依存的な男ばかり寄ってくる。

「もう誰か、何とかしてよ！」

『自立タイプ』解説

香織は、「できる人」の仮面が外せなくなっています。問題が起きたとしても自分で全部何とかしようとしてしまうのです。

このタイプの人は、「頼ってはいけない」という気持ちが強いため、男性から親切や好意の印（食事やプレゼントなど）を受け取るのが苦手です。

そのため、女性の役に立ちたいと思っている「頼れるいい男」から見ると、とてもつまらなく見えてしまうのです。「おまえは男が必要ないよな」と言われたり、男扱いされることすらあります。

そして、「頼れるいい男」が寄りつかないかわりに、「頼りない男性」ばかりが寄ってきます。それでうまくいけばよいのですが、このタイプの人は人に頼ることを「いけないこと」として禁止しているため、頼りない男性の依存的な部分が非常に嫌なものに見えてしまうのです。

頼りない男性との不本意な関係を続けるか、男に頼らない、恋愛と無縁の人生を送るか……。仕事では頼りにされることが多いだけに、このタイプの人は、まわりから「なぜ恋愛がうまくいかないんだろう」「なぜ彼がいないんだろう」と不思議に思われることも多いようです。

あなたがこのタイプなら、少しがんばるのをやめて、自分の中にある弱い部分、人に頼りたい気持ちを否定せずに「そういう部分もあるんだね」と受けとめる心を育てましょう。そのための方法は後述してありますので、参考にしてみてください。

このタイプに自分が近いと思う人は、
第3章「相手に頼れない『自立タイプ』はこんな人」をお読みください。

どんな人も三つのタイプそれぞれの要素を持っているので、自分に近いタイプだけでなく、すべてのタイプのページに目を通すことをおすすめします。タイプの特徴を説明しているだけでなく、考え方や行動のアドバイスも書いてあるので、参考にしてみてください。

第1章

被害者意識が強い『依存タイプ』はこんな人

［呪いの仮面］……かわいそうな人

惚れたら負けだと思っている

このタイプの人は、「好き」という気持ちを悟られないように、相手と駆け引きしようとする傾向があります。

素直に「好き」と言ったら、弱みを握られて相手の言いなりにさせられてしまう。だから、素直な気持ちを隠して恋愛を続ける——。

つまり、「惚れたら負け」という意識を持っているのです。

確かに、その時点では相手に対して主導権を握れるかもしれません。しかし、大きな代償をともないます。

それは、「私はありのままでは愛されない」という思い込みを強めてしまうということです。つまり、**「演じている自分」でなければ愛されないという烙印を自分自身に押してしまうことになるのです。**

駆け引きするのは傷つきたくないから

このタイプの人は、相手をコントロールせずにはいられない不安、焦り、恐怖などを抱えて必死でがんばっています。「素直でいることが大切」と言われても、怖くてできないのです。

相手や状況をコントロールしたいという気持ちが捨てられないのは、傷つきたくないという気持ちが強いためです。

多くの場合、過去に傷ついた経験があり、もう二度と同じつらさを味わいたくないという強い思いがあります。傷ついた経験とは、過去の恋愛でした苦い経験ということもありますが、子どもの頃にあった親とのつらい経験までさかのぼることも少なくありません。

多くの夫婦が離婚したり、離婚の危機を抱えている今、問題のない家庭で育つのは奇跡のようなものです。ですから、両親の不仲や離別でつらい思いをして、もう二度と傷つきたくないという気持ちから駆け引きをしてしまう人も多くいます。

しかし、それではうまくいきません。過去のつらい気持ちは手放し、勇気を出して、今目の前にいる相手を信頼する必要があります。

「好き」は隠さなくていい

ここまで読んだあなたは、こう思うかもしれません。「ではなぜ、多くの恋愛本に『好きという気持ちを隠す』というアドバイスが書いてあるの？」と。

これには、ちゃんとした理由があります。

「好き」という気持ちの中には、相手の幸せを願う「愛」だけでなく、相手に自分の欲求を満たしてほしいという「依存心」も含まれています。言い換えると「与えたい心（愛）」と「もらいたい心（依存心）」です。

誰かのことを「好き」と言うとき、「愛」と「依存心」と両方あるのが普通です。しかし、「依存心」ばかりが強いと、知らず知らずのうちに「私を幸せにして」「私のために尽くして」という物ほしそうな態度になってしまうものです。これが男性から「重い」「面倒くさい」と思われる原因になります。

それを避けるために、多くの恋愛本にはひたすら「好きという気持ちを隠せ」と書いてあるのです。

しかし、相手の幸せを願う気持ち、つまり「愛」を向けることができるようになると、相手は心を許し、あなたの元にずっといたいと思うようになります。

ですから、**必ずしも「好き」という気持ちを隠さなくてもいいのです。**むしろ「愛」を出し惜しみすることになってしまいますよ。

メッセージ

まずは、あなたの気持ちが「愛」、つまり相手の幸せを願う心なのか、「依存心」、つまり相手に求める心なのかを自覚するところから始めてみましょう。自覚するだけでも、変化が起こります。

自分の欲求を満たしてもらうのは当然だと思っている

このタイプの人は、男性から「重い女」と思われることが多いようです。それは、相手がしてくれることに対する期待値が高いからです。

たとえば、「寂しいときはすぐに会いに来てくれる」「毎晩必ず電話してくれる」などと期待していて、しかもそれに応えてもらえないと怒りを爆発させたります。これが続くと相手に負担がかかり、恋愛がどんどん重くなっていきます。

これらの「相手に対する期待」には、「寂しいときはすぐに会いに来てほしい」「毎晩必ず電話してほしい」といった「自分の欲求」が込められています。欲求のことを「ニーズ」といいますが、このタイプの人は、自分のニーズを満たすことを相手に依存しているのです。

しかし、ニーズがあるからこそ、満たされたときに喜びを感じられるわけです。ですから、ニーズそのものは悪ではありません。

また、生きている限り食欲が消えないように、ニーズは消えることはありません。性的な欲求、ありのままの自分を受け入れてほしいという欲求、尊敬されていたいという欲求、誰かにそばにいてほしいという欲求など……。

では、これらのニーズと、どのようにつき合っていけばよいのでしょうか？

自分のニーズを受け入れよう

不思議なことに、ニーズは認めてあげるとおとなしくなり、抑え込もうとすると暴れる傾向があります。

ですから、**これらのニーズをあなた自身が受け入れ、嫌ったり抑え込んだりしないことが大事です。**まず、あなた自身が自分のニーズを「大切なもの」として受け入れましょう。そして、そのニーズに責任を持つのです。

では、どのように振る舞うことが、自分のニーズを受け入れ、責任を持つということなのでしょうか？　例として、「大切にしてもらいたい」というニーズを受け入れている人と、そうでない人のケースをご紹介します。


たとえば、誕生日にレストランで彼と食事をする約束をしていたとします。すると、直前に彼から電話がかかってきました。

「ごめん。仕事で手が離せなくて。すぐ終わらせて行くから」

ところが、結局大遅刻してきました。このとき、自分のニーズを自分のものとして受け入れている女性は、

「待っている間、すごく不安だったんだよ」

と、相手を責めるのではなく、自分の気持ちを冷静に伝えることができます。


しかし、自分のニーズを自分のものとして受け入れていない女性は、

「何で前から約束していたのに遅れてくるわけ？　仕事の方が大事なの？」

などと詰問してしまいます。相手の事情がどうあれ、「大切にしてもらいたい」というニーズを満たしてもらえないと、自分の価値に自信がなくなってしまうのでしょう。

仕事や普段の人間関係では自分のニーズに責任を持っていても、恋愛となると「彼が全部満たしてくれる」という特別な権利意識や期待を持ってしまう人も多いようです。このように、自分のニーズを満たすことを相手に責任転嫁しているのが、このタイプの特徴です。


本当に大事なのは、ニーズを持っている自分を認め、大切にすることです。そうすれば、他人が気遣ってくれたらありがたく受け取り、もし気遣ってもらえなくても、平常心で淡々としていられます。先ほどの例で言えば、「私の誕生日なんだから、彼が来られなくても、自分で自分を祝ってあげればいいじゃない」と考えることが、自分を認め、大切にしていることになります。

私たちは意外と心から自分自身のことを認めたり、大切にしていないものです。まずそこに気づくことができれば、幸せな恋愛に向けて一歩踏み出せたことになります。

「ありがとう」を増やして幸せの循環を作ろう

自分のニーズに無自覚だと、「あなたがやってくれて当然」と思ってしまいがちです。
「恋人なんだから、週末は一緒にいて当然でしょ?」(寂しさを癒してほしいというニーズに無自覚)
「男は食事代を負担して当然でしょ?」(大切な人として扱ってほしいというニーズに無自覚)

しかし、**ニーズを満たしてもらえるというのは、当たり前ではなく特別なことなのです。**ですから、満たしてもらえたら「ありがとう」と感謝することが大切です。
つまり、「当然でしょ?」が多いほど依存的、「ありがとう」が多いほど依存を抜け出しているといえます。

「ありがとう」という感謝の気持ちを度々持つと、相手にお返ししたくなりますよね。

ですから、感謝することで、今度は相手に与える愛を自分の中に育てることができるのです。

まず、自分の中のニーズに気づいて大切にする。そして、相手にお願いして満たしてもらったら感謝して受け取る。そして今度は、相手に愛のお返しをする——。

このようにして幸せの循環を作りましょう。こうして上手にニーズとつき合っていけば、ニーズも幸せの元だということがわかると思います。

「ニーズ」と「愛」の区別をつけよう

相手に何かを「与えたい」と思ったときは、自分の心をよく見つめる必要があります。

たとえば、プレゼントを渡すときに、相手の喜ぶ顔を想像して渡すのは「愛」ですが、「自分が嫌われたくないから」とか、「相手の気持ちを自分の方に向けておきたいから」という動機で渡すとしたら、「ニーズ」が動機になっています。

たとえば、あなたがこの本を気に入ってくださって、彼にプレゼントしたいと考えたとします。これは「愛」でしょうか？　「ニーズ」でしょうか？

プレゼントする動機が、「もっと私のことをわかってほしい」「思いやりのある男性になってほしい」というものなら、あなたのニーズですね。

その場合は、「あなたの誕生日」に、彼に「この本を読んでくれることが私への誕生日プレゼントよ」と言って渡すのです。

私たちはつい、相手の誕生日に「あなた、こういう風になりなさい」というメッセージを込めた本を渡したりして、結果的に説教をしてしまうことがあります。

自分の誕生日に説教されたくないですよね？　これは「ニーズ」と「愛」を勘違いしているから起こることです。

自分の「ニーズ」と、与える「愛」の区別をつけておくこと。これは大切な原則です。そして、**相手が自分のニーズを満たしてくれたら、ちゃんと感謝すること。**これができるようになれば、もう「重い女」卒業です。

メッセージ

ニーズには自分で責任を持ちましょう。自分で自分を大切にできるようになれば、ニーズを満たしてくれた相手に心から感謝できるようになります。

「愛が冷めてしまったのかも」とすぐ不安になる

このタイプの人は、相手が自分の欲求を満たしてくれることだけが愛されている基準になりがちです。

しばらく連絡がなかったり、恋愛初期のラブラブの時期を過ぎて愛の言葉が減ってきたり、会う頻度が減ってくると、途端に「愛されていないかも」と不安になってしまいます。

男性は恋愛の初期は普段よりがんばっているものです。それを理解することができないと、ふたりの関係が落ち着いてきたときに「愛が冷めてしまったのかも」と思ってしまうのです。そして、以前の状態を取り戻したいという思いが強くなっていきます。

過去にしがみつく思いのことを「執着」といいますが、「またあの頃のように、あなたが私を幸せにしてよ！」という思いが強くなるのです。しかし、この執着する心が強くなればなるほど、相手はあなたから逃げ出したくなります。

執着から抜け出すには

執着から抜け出すポイントは、すでに受け取ったものに感謝することです。

つまり、相手が一緒にいる時間を作ってくれたり、食事をご馳走してくれたり、優しい言葉をかけてくれたりしたら、心から喜んで感謝するということです。**一〇〇点満点でなくても、あなたのために彼が何かしてくれたら、心から感謝してみてください。**

男性は女性の役に立ちたいと常に思っているものですが、自分の行動が正当に評価されないと、「成果（＝女性からの感謝）の得られない行動はやめよう」と判断してやめてしまいます。

もっとも、あなたにすぐ不安になる傾向があったとしても、それはあなた自身のせいではありません。多くの場合、子ども時代に親が欲求を十分満たしてくれなかったことが原因なのですから。

しかし、そのことで今更親を責めても、彼に欲求をぶつけてもうまくはいきません。どんな子ども時代を過ごしたにせよ、大人になったら自分の欲求は自分の責任と考える必要があります。

執着が高じると束縛になる

執着が強いと、相手は怖くなって逃げ出したくなってしまいます。すると、それを防ぐためにますます相手にしがみつきたくなり、携帯をチェックしたり、出かけるときにいちいち行き先を報告させたり、友人知人と会うことを制限したりと、いわゆる「束縛」をしてしまうのです。

束縛は立派なＤＶ（恋人間・夫婦間の暴力）です。仮に法律で禁止されていなくてもやってはいけないことですし、やったとしても絶対に幸せになれません。

何事も当たり前と思わず、感謝して受け取る習慣を身につけましょう。感謝の気持ちは、男性をやる気にさせる効果もありますが、もっとも大きな効果は、あなたの仮面の下に抑え込まれている満たされない気持ちが穏やかになってゆくことです。

自分の幸せのために、感謝の習慣をつけましょう。

なお、蛇足ながら、日本人は義務感で感謝する人が多いので、「すいません」とか、心がこもっていない「ありがとう」は本当の感謝ではないということをつけ加えておきます。

本当に感謝したときの言葉は、「わーい、ありがとう」です。**喜びとペアになっているものが本当の感謝の気持ちです。**

もしもあなたが喜びを抑えるクセを持っているとしたら、それが執着から抜け出せない大きな原因かもしれません。ぜひ自分の心を省みる機会を作ってみてください。

メッセージ

今、彼があなたにしてくれていることを十分に味わい、感謝し、喜んで受け取る習慣を身につけましょう。不安が癒され、穏やかな気持ちが育ちます。

感情的になって関係を壊してしまう

このタイプの人は、寂しさや不安、怒りをため込みすぎてコントロールできなくなり、感情的になって恋愛を壊してしまうことがよくあります。

「感情のコントロール」と聞くと、感情を抑えて理性的に振る舞うことだと思いがちですが、**実は、感情は抑えようとすればするほど、逆に暴れやすくなるのです。**

感情は静電気のようなもので、抑え込んだ分たまっていきます。しかし、静電気が放電すると消えるように、感情は感じてあげると大人しくなります（65ページ図1参照）。具体的な方法は後述しますが、ここでは、感情は抑え込むと暴れる、感じきるとスッキリしておとなしくなる、という原則をよく覚えておいてください。

寂しさは怒りに化ける

また、抑え込んだ感情は化けて出てくることがあるので、注意が必要です。「寂しさ」を抑え込んでいると「怒り」に化けて出てくる、というようなケースです。

その場合、「怒り」をいくら感じてもスッキリしません。根っこにある「寂しさ」を感じることで、ようやくおとなしくなります。

このタイプの人は、子どもの頃に感じた寂しさをずっと抑え込んでいて、それが大人になって怒りに化けて出てくる、ということがよくあります。

たとえば、「彼が私の気持ちをわかってくれない！」と感じて怒っているとします。しかし、その出来事が原因となって発生した怒りは、今感じている怒りの一〇%分だけです。

残りの九〇%は、子ども時代に「お父さんは私の気持ちをわかってくれない！　こんなお父さんなら、もうわかってもらわなくていい！」と悲愴な決意をしたときの寂

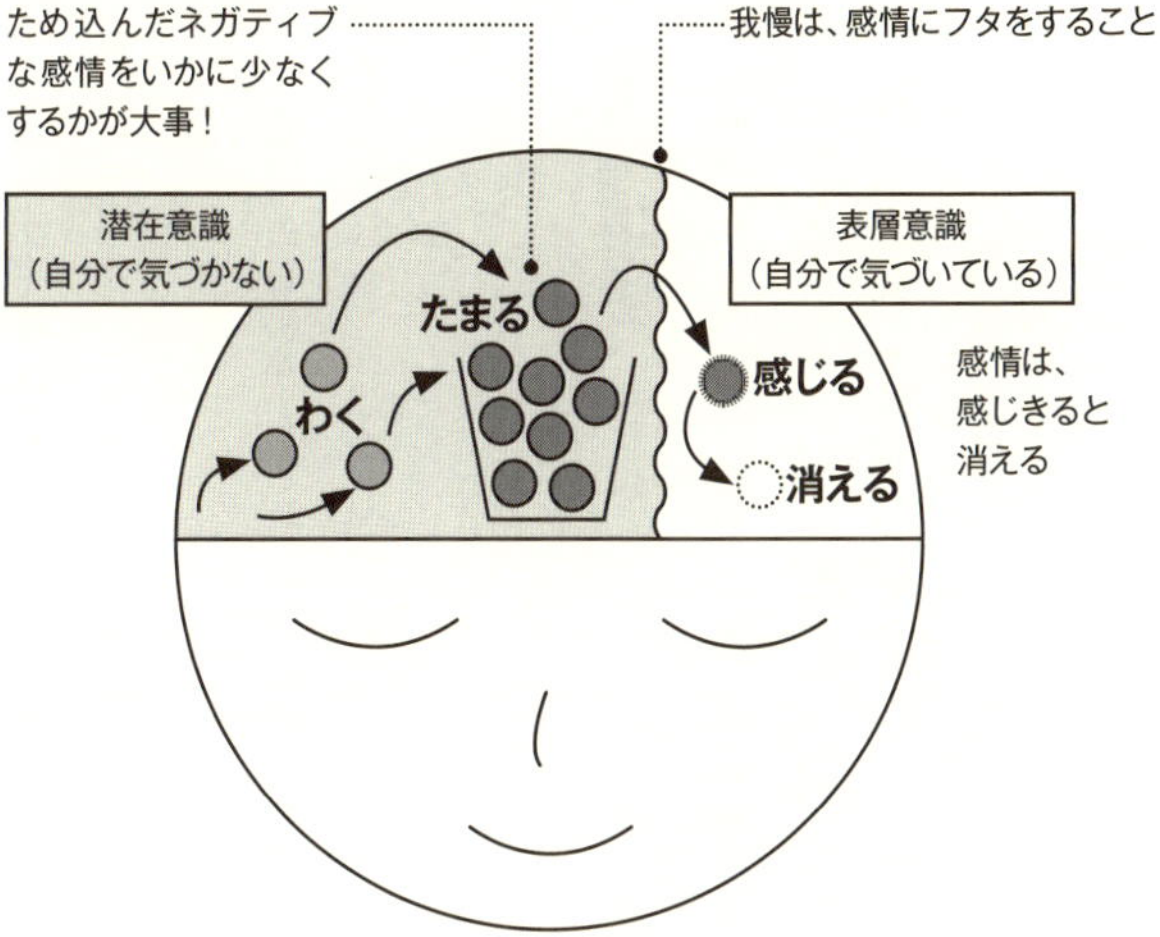
ため込んだネガティブな感情をいかに少なくするかが大事！
我慢は、感情にフタをすること
潜在意識（自分で気づかない）
表層意識（自分で気づいている）
たまる
わく
感じる
消える
感情は、感じきると消える

［図１］感情は「わく→たまる→感じる→消える」という道をたどる

しさが原因となっているのかもしれないのです。

ですから、今感じている怒りをすべて彼にぶつけるのはお門違いということになります。まるで親の借金を彼に背負わせるようなものです。これはやってはいけません。

そのかわり、現在起きている出来事からわいてきた感情をしっかり受けとめ、過去に同じ気持ちになった出来事があったかどうか、探ってみるとよいと思います。

「つらい出来事は癒しのためにある」という言葉があります。嫌な感情を感じたときこそ、つらかった記憶の扉を再び開き、未解決になっていた心の問題を解決するチャンスなのです。

一時は苦しいかもしれませんが、ちゃんと乗り越えることができれば、穏やかな心を手に入れることができます。

メッセージ

仮面の下にある「もっと愛されたかった。寂しかった」という子ども時代の心をしっかり受けとめましょう。嫌な感情を感じたときこそ、未来へ一歩踏み出すチャンスなのです。

トキメキばかり追い求めている

恋が始まるときは、切ないような、甘いような、とてもいい気分になります。これはＰＥＡというホルモンの働きによるものだと考えられています。脳内で作られて、快楽を感じさせる物質のことを「脳内麻薬」といいますが、恋愛のホルモンもその一種なのです。

実はこのＰＥＡ、長くても三年しか出ないといわれています。つまり、**恋はいずれ冷めるということです。**トキメキだけを追い求めても、必ず冷めるのです。

では、なぜ何年もつき合っている恋人同士や長年連れ添っている夫婦がいるのでしょうか？

それは、ふたりでいると一体感、安心感が得られるからです。恋の始まりの激しい感情をロックだとすれば、この安心感はクラシック音楽といってもよいでしょう。本当の愛で結ばれた関係は、温かくとても穏やかなものなのです。

この穏やかな温かい感じをしっかり味わうことが、カップルが長続きする秘訣です。

ただし、ふたりでいる一体感、安心感はとても穏やかで繊細なものですから、しっかり味わうには、愛に対する感受性を研ぎ澄ます必要があります。しかし、このタイプの人はこの感受性が鈍くなっているのです。

なぜかというと、**日々わいてくる素直な感情を仮面の下に抑え込み、自ら感受性を鈍らせているからです。**他人に嫌われたり、バカにされる「怖れ」から逃げようとして、自分の不満や本当の望みを我慢するクセがついています。

愛のクラシック音楽を流そう

　このタイプの人は、嫌な感情の処理方法として「我慢する」ことを選びがちです。仮面をかぶり、その下に抑え込んでしまうのです。これはたとえていえば、スピーカーから雑音が聞こえるので「ボリュームを下げる」ということに相当します。

　嫌な感情を我慢して感じないようにすれば、その場はしのげるでしょう。しかし、それが続くと、大きな弊害が出てくるのです。

　それは、先ほどのたとえでいうと、クラシック音楽が聞こえなくなってしまうということです。つまり、**楽しい、うれしい、安心といった穏やかで心地よい感情をキャッチする感受性が鈍くなってしまうのです。**

　かろうじて、大音量のロック音楽なら聞こえるかもしれません。つまり、恋愛のトキメキのような強い刺激なら、心のボリュームが下がっていても感じられるということです。

　そして、前項でもお伝えしたように、嫌な感情は我慢するとたまっていきます。すると、ますます心のボリュームを下げる必要が出てくるのです。

これがエスカレートしていくと、しまいには、恋愛初期のトキメキのような極めて刺激の強い感情しか感じられなくなります。


ちなみに、このような状態は「感情の鈍麻《どんま》」といい、アルコール、過食、買い物などに依存しやすい状態でもあります。これらも同じように、強い刺激ですから。

これが、恋愛初期のトキメキだけを求め、それに依存してしまう原因です。


ここまでわかれば、解決策も明確ですね。そう、**クラシック音楽も聞こえる程度までボリュームを上げるために、雑音、つまり嫌な感情を減らすことです。**

嫌な感情は、無限に出てくるものではなく、ため込んだ分だけ出てくるものです。具体的な方法は後述しますが、怖れずに自分の心に意識を向けて、たまっている感情を整理することが大切です。

恋愛のトキメキは、そのとき限りのもの。大切に味わいましょう。そして、ずっと続く愛は穏やかで温かいもの。心の雑音を消し、感受性を研ぎ澄ましてしっかり味わいましょう。

メッセージ

ずっと続く穏やかな愛を感じる感性を研ぎ澄ますために、仮面の下に抑え込んだネガティブな感情をしっかり整理しましょう。

相手の失敗を責め立ててしまう

　このタイプの人は、物事が思い通りにならなかったときや、彼が失敗してしまったとき、あれこれあら探しをして注文をつけたり、愚痴をこぼす傾向があります。そして、そのことが知らず知らずのうちに大きなマイナスポイントになってしまっているのです。

　女同士ならお互いに愚痴の言い合いをすることもあると思いますが、たいていの男性は、女性から愚痴を聞かされることに慣れていません。自分が責められているように感じて、精神的にとても疲れてしまうのです。

　ふたりの関係を維持するためには、男性が失敗したときや、物事があなたの思い通りにならなかったとき、それを淡々と水に流すことが大切です。言い換えると「不機嫌にならない」「被害者意識を持たない」ということです。

「不機嫌にならない」「被害者意識を持たない」というのは、それほど簡単なことではありません。精神的な成熟が求められるからです。

失敗を上手に水に流してくれる女性が男性からどれだけ感謝されるのかは、あまり知られていないようですが、これは本当に大切なことなのです。

彼の失敗は淡々と受け流すこと

彼の準備したデートがイマイチだったとか、プレゼントがちょっと期待外れだったとか、彼のファッションがちょっとダサ目だとか、食事の食べ方が汚いとか、あなたが不満を感じたり、ガッカリする機会はたくさんあると思います。

その気持ちを話のわかる女友達に話したりしてうまく解消し、不機嫌にならずにいられたら、彼は「コイツといると安心してリラックスできる」と思うものなのです。

一例を挙げます。彼が計画したデートのスケジュールに無理があって、観たかった映画が観られなかったとしましょう。もちろん、ふたりともガッカリしますね。

彼はとても反省しています。強がっていたとしても傷ついています。そして、このマイナスポイントをどこかで埋め合わせようと思っています。

ここであなたが淡々とこの状況を受け流すことができれば、彼はどこかで埋め合わせをしてくれるでしょう。次のデートを計画することかもしれませんし、プレゼントをくれることなのかもしれません。今度はあなたがそれを楽しんで受け取ればいいのです。

ところが、ここであなたがもし不平不満をこぼしたり、それこそ鬼のような不機嫌な顔で彼の隣にいたりすると、彼はうんざりしてしまいます。

彼の中ではもう、彼の失敗のマイナスポイントと、あなたがこぼした愚痴や不機嫌な顔のマイナスポイントで相殺《そうさい》、チャラとなってしまうのです。

これでは、彼は埋め合わせをする気が起きなくなってしまいます。してくれたとしても、義務感でいやいややることになります。

賢いあなたは、彼に愚痴をぶちまけてチャラにしてしまうのと、彼の失敗を淡々と受け流して彼にがんばってもらうのと、どちらが得か、もちろんわかりますよね？

メッセージ

男性は、女性の不機嫌な顔が本当に苦手なのです。思い通りにならないときや、彼が失敗したときに淡々と受け流せる度量こそ、女の実力といえましょう。

第2章

尽くしすぎる『自己犠牲タイプ』はこんな人

［呪いの仮面］……いい人

いやいや自己犠牲している

「自分のことだけでも大変なのに、他人のためにも一生懸命でエライねぇ」

日本ではこのような犠牲的精神が高く評価されることがまだ多いようです。

もちろん、他人のために何かをしてあげることは尊いことです。社会に必要とされる仕事を一生懸命やったり、ボランティア活動に関わったり。あるいは、そんな大きなことでなくても、身近な人が笑顔になれるような、ちょっとした言葉がけなども尊い行為です。

ところが、このタイプの人は、同じように「与える」行為をしていても、相手を幸せにするどころか苦しめてしまうことがあります。

自己犠牲する心の裏とは？

感謝の気持ちを持って「幸せのおすそわけ」をすると、相手は素直に喜んで受け取ることができます。おすそわけですから、あげても惜しくないし、あげたら忘れてしまうような感覚です。

一方、いやいや自己犠牲して「親切の押し売り」をすると、相手は罪悪感を感じて素直に受け取れません。この場合は、相手を苦しめてしまうこともあります。

たとえば、母親が娘に対して「この子がいるから私は離婚できない」と言いながら、すでに破綻している夫婦関係を続け、一方で娘の世話を一生懸命焼いているようなケースです。娘の立場からすれば、世話をしてもらえばもらうほど、罪悪感が積み重なってつらくなってしまいます。

このタイプの人は、もちろん後者です。そして、「親切の押し売り」をしながら、「自分は正しい行動をしているし、相手にメリットを与えている」と考えています。

しかし、心の裏では、自分が幸せではないので「この人だけ幸せにしてなるものか」と感じているのです。

これは、愛ではなく、むしろ「攻撃」だということに気づく必要があります。たとえていえば、ケチな自分は嫌だけれど、心の底では相手を喜ばせたくもないので、贈り物をトゲトゲの包装紙で包んで渡すようなものです。

カップル間で頻発する「不幸競争」

カップルの間では、自分が相手より大変だ、相手のためにこんなに自分を犠牲にしている、とアピールすることで、相手の譲歩や同情を引き出そうとする試みが頻繁に行われます。

たとえばデートで会ったときに、こんなやりとりをしたとします。

「昨日仕事ですごく遅くなってさぁ。今日は朝起きるのが大変だったよ」

「そうね。ありがとう。……でも、私だってあなたの仕事の都合にいつも合わせてるのよ」

こうしてお互いに自分の不幸をアピールし出すと、不毛な足の引っ張り合いが始まります。私はこれを「不幸戦争」と呼んでいます。

昨日仕事で帰りが遅かったのに、彼女に会いたいから一生懸命朝起きてデートに間に合わせた。彼女は忙しい彼の予定にいつも合わせてあげている。どちらも素敵な行動ですね。では、何がいけないのでしょうか？

それは、**その行動を行うときの「心構え」です。**

相手の幸せを願う気持ちからスケジュールを調整したのなら、それはあなたの喜びになっているはずです。つまり、「やりたくてやった」ということですね。

こういった自発的な行動であれば、犠牲とはいいません。

本書の後半に出てくるワークを実践し、心が成長してくると、相手の幸せを喜べるようになります。すると、同じ行動を「自己犠牲」ではなく「愛」に基づいてできるようになります。ぜひそれを目指してくださいね。

メッセージ

「相手の幸せも私の喜び」。そう心から思えるようになったとき、あなたは「自己犠牲」から抜け出しています。「愛」に基づいて行動できるよう、自分を成長させましょう。

作り笑いをしている

自己犠牲がさらに進行すると、「感情を殺して飲み込む」というパターンに陥ります。目に見える行動としては「作り笑いをする」ことが挙げられます。

不満気な顔をしながら自己犠牲するよりも、感情も抑え込んでいる分だけ犠牲の度合いが高いといえます。

長年これを続けていると、自分がどんなことが好きで、どんなときにうれしいのかがわからなくなってしまいます。そして、いつか燃え尽きて力が出なくなってしまいます。

今までの恋愛で、心から喜び、感謝できる「わーい、ありがとう！」の瞬間があったかどうか思い出してみてください。あまりないようでしたら、あなたは作り笑いの恋愛をしているのかもしれません。

共依存にご注意

前項で紹介した「不幸競争」も不毛な争いですが、作り笑いをする人は、さらに泥沼にはまる可能性があるので注意が必要です。それが「共依存」です。

共依存とは、どんなに世話をされても満足しない依存側が「かわいそうな人」を演じてわがままを言ったり問題を起こしたりし、それを「いい人」でいたい自己犠牲側が必死で支えたり尻ぬぐいするという泥沼の人間関係のことです。


「おまえ、俺が電話したのに何ですぐに出ないんだよ！」

「……ごめんね」（そんなこと言われても、私にだって都合があるのに……）

「それからさぁ、ちょっと携帯見せてよ。男のメルアド登録してあるだろ？」

「……いいよ」（作り笑い）

やや極端な例を出しましたが、もし、このようにあなたの自由意思が彼によって阻まれることが多いとしたら要注意です。

ちょっと冷静になって考えてみてください。彼はあなたの幸せを願っていますか？　それとも自分の要求ばかり優先していますか？　我慢は問題の先送り。解決ではありません。嫌なときは「嫌だ！」と言ってよいのです。

自分の要求をちゃんと言葉にして伝えることも、幸せな恋愛を続けるための大事なスキルです。そして、**きっぱり伝えても状況が改善しないときには、今の相手と縁を切ることも前向きな一歩なのです。**

メッセージ

嫌なことを我慢して「作り笑い」をしていると、本当の気持ちや幸せがわからなくなります。「嫌だ」と言っても受けとめてくれる人こそ、あなたの本当のパートナーです。

自信がない

このタイプの人がよく使う言葉に、「自信がない」というものがあります。

私たちは、無意識のうちに自分と恋愛対象となる相手を比べています。そして、相手の方があきらかに自分より「上」だと思うと緊張してしまったり、恋愛をあきらめてしまったりします。ですから、自信をつけることはとても大切です。

では、どうやったら自信をつけられるのでしょうか?

多くの女性は、「自分磨き」と称していろいろな習い事をしたり、資格を取ったり、ファッションセンスを磨いたりします。こうした努力は自信をつけるためによいことですし、得られるものも多いでしょう。

ところが、恋愛では、自分の素敵な部分、できる部分に対する自信だけでは、「自信

のなさ」は解消しないのです。

なぜなら、恋愛において自信を持つためには、もう一つの「自信」が必要だからです。「自分のダメな部分に対する自信」といったら変ですが、自分のダメな部分も丸ごと受け入れることができる気持ちのことです。専門的には「自己肯定感」といいます。

話してみると、その人に自己肯定感があるかどうかは結構すぐわかります。

自分の自慢話ばかりする人は、一見自信があるように見えますが、それは「自己肯定感のなさ」の裏返しなのです。逆に、自分のダメなところも受け入れている人は、失敗談を話すこともできるし、自分のダメなところをさらけ出すこともできます。

自分の「影」を受け入れよう

恋愛が始まるまでのプロセスを想像してみてください。

はじめはただの知り合いだった男女が、お互いに好意を持ち、親しい友達になり、そして恋人同士になっていきます。恋人同士になると会う頻度も高くなりますし、手を握ったり体に触れることも多くなり、心身ともに距離が近くなります。

すると、いつも素敵な自分でい続けることが難しくなってきます。優しい言葉がほしい、スキンシップがほしいといった「ニーズ」も出てきます。そして、「ニーズ」が満たされないと寂しくなったり、不安になったり、ネガティブな感情も出てきます。

あるいは、キスやセックスのときには相手と触れるところまで近づきますから、顔や体型に関する劣等感を感じるかもしれません。そんなありのままの自分と嫌でも直面することになるわけです。


ネガティブな感情を感じたり、自信が持てない自分を「素敵だ」と思える人はあまりいません。たいていこういった自分の「影」の部分は嫌いで、できることなら常に明るくて優しくて能力がある「光」の部分でいたいと思うものです。

つまり、「光」の部分に対する自信は、文字通り「自信」であり、「影」の部分も受け入れて、自分を肯定することが「自己肯定感」なのです。恋愛において「自信」がない場合は、5章のワークなどを活用して、「自己肯定感」を育てる必要があります。

メッセージ

あなたは、ありのままの自分でいていいのです。怒りも、寂しさも、不安も、すべて感じていいのです。まずは、自分の「影」の部分を嫌っている気持ちがないか、気づくことから始めていきましょう。

相手に尽くしすぎる

このタイプの人は、せっせと相手の男性の身の回りの世話をしたり、お金の面倒などを見たりしています。行動だけ見ると、見返りを求めずに相手に愛情を与えているように見えますが、場合によっては注意が必要です。

それは、**無意識のうちに「償い」をしている場合です。**尽くしすぎてしまう人は、子どもの頃、家庭内に不幸があったり、病気で苦しんだ人やメンタル面の問題を抱えた人がいたという場合があります。

身近にいた家族と同じように苦しんでいる人を救いたい、という思いから、医療、福祉関係やカウンセラー、心理セラピストになったという人も多くいます。

もし、あなたがそういった動機から職業を選んでいたり、職場でまわりの人を助ける役回りばかりしているとしたら、この後の話をよく読んでください。

あなたは、とても優しい心をお持ちです。まずそれを誇りに思ってください。つらい境遇の中で、そのような優しい心が目覚めたというのは素晴らしいことです。

ここで一つ質問です。あなたは、身近で苦しんでいた人を助けられなかったという罪悪感を持っていませんか？

また、その罪悪感を必死で抑え込み、「いい人」を演じるか、無価値感（自分に価値がないと感じる気持ち）を感じないように「役に立つ人」を演じるか、どちらかのパターンに陥っていませんか？

仕事以外にも影響が出ているかもしれません。恋愛や結婚では、自分が一番幸せになれるパートナーを選ぶことが大事です。

ところが、もしかするとあなたは「自分が救いたい人」をパートナーに選ぶ傾向があり、実際に問題を抱えた人と交際することが多いかもしれません。

まず、**自分の中に優しい気持ちがあることを自分自身で受け入れてください。**あなたは優しく、愛情にあふれた人なのです。ただ、自分でそれを受け入れていないだけなのです。

子ども時代のトラウマが原因

ようやく歩き始めた赤ん坊がふらつき、転びそうになると、思わず手を貸してあげたくなります。しかし、赤ん坊にとっての幸せは「転ばないこと」ではありません。「転んでも起き上がれること」「自分の力で歩けるように成長すること」そして、「見守ってくれる人がいること」が幸せなのです。

問題を抱えた人に対する接し方も、これと同じです。**手を貸しすぎてしまい、成長する機会を奪ってしまうことが、一番やってはいけないことです。**

まず、相手のことを信頼して見守ること。そして、相手が問題を抱えていても手を貸すのではなく、つらい気持ちに共感し、問題を解決できる「心の力」をつけてあげることが大切です。相手の成長を願う心が本物の「愛」なのです。

もしあなたが、誰かを助けないと罪悪感を感じてしまうとしたら、まずはその罪悪感の九〇％が子ども時代に心の奥に押し込めた感情から出てきているものだと知ることが大事です。

目の前の相手に対して感じているその感情は、実は子ども時代に身近で苦しんでいた人に抱いていた感情なのです。誤解を怖れずに言えば、**あなたは子ども時代に罪を犯したと思い込んでいて、架空の罪を現在の仕事や恋愛を通じて償っているのです！**

まずは自分が幸せになること

罪悪感を手放し、あなた自身が幸せに生きると決意することがとても重要です。その際に、自分の中に「愛」、つまり他人を助けたい気持ちがあることに気づくことが助けになります。

信じられないかもしれませんが、人は幸せになることを無意識に怖れています。いいことばかり起こると、その反動が来そうな気がして急に不安になったり、誰かの嫉妬を怖れたりして、心の中でブレーキを踏んでしまうのです。

ですから、幸せを選ぶのは、実は勇気のいることなのです。その勇気を出すことができれば、あなたと、あなたの未来の子孫、そしてあなたが関わるすべての人に幸せを広げる道が開けます。

メッセージ

幸せに対してブレーキを踏んだり、困っている人を助けるクセのあるあなたは、罪悪感を感じないためにそうしているのかもしれません。勇気を出して自分の幸せ、喜びに向かって生きることを選択しましょう。

誘いを断れない

このタイプの特徴の一つとして「断れない」というのがあります。よくいえば「人がいい」ということにもなるのですが、出会いに関してはマイナスに働くことが多いです。

「何でもすぐに断る」女性に出会いがないのはわかりますが、「断れない」女性に出会いがないというのはちょっと不思議に思えるかもしれませんね。その仕組みについてご説明します。

断れない女性がどんな男性でも受け入れているのかというと、決してそうではありません。**断れないからこそ、断らなければいけない状況を避けるのです。**

断れる女性は、少し押しが強い男性の誘いでも、試しに受けることができます。みんなで食事に行ったり、ふたりで軽く食事をしたり、カフェでおしゃべりをしたりと、軽いつき合いをしてみるわけです。その後彼が言い寄ってきても、やはり合わないと思ったら断ればいいわけですから。

一方、断れない女性は、少し押しが強い男性に出会うと、途端に心の中で警報が鳴り響きます。

「キケン、キケン。後で断らなきゃいけない可能性大。**避けなさい！**」

男性との関係を「知人」「普通の友達」「親しい友達（友達以上恋人未満）」「恋人」とわけるとします。

そのときに、断れない女性は、「断らなければいけない状況を避けようとする」ため、相手と距離をとってしまい、知人から普通の友達、普通の友達から親しい友達へとステップアップすることができないのです。

断ることは相手を大切にすること

私たちは子どものとき、親や先生など、大人の言うことを聞くようにと言われてきました。しかし、大人になったら、自分のことは自分で決めて行動するというパターンに切り替える必要があります。

断ることは決して悪いことではありません。逆に、**嫌なことを嫌だと言わないのは、むしろ「逃げ」なのです。**

極端な例ですが、会社では上司の言いなりになっている男性が、会社から逃げて家で横暴に振る舞い、奥さんは夫から逃げて子どもを支配する、という話もよくあります。つまり、「逃げ」に「逃げ」が連なった「負の連鎖」ができてしまうのです。

ですから、どこかで誰かが勇気を出して、その連鎖を断ち切らなければいけないのです。

また、あなたが好きでもない男性といやいやデートをしたと考えてください。

誘いを受け入れたので、その瞬間あなたは「いい人」になれたかもしれません。しかし、いやいやデートをした結果として、相手の男性を「女性に不快感を与えたひどい人」にしてしまいました。誘いを断らなかったあなたにも半分責任があります。

そうです。**きちんと断ることは、相手を悪者にしないための愛情なのです。**

ちなみに、私は「一〇〇人の異性と知り合ったら一〇人と友達になり、恋人まで進めるのはひとりくらい」と考えていますので、断ることは「あなたは私にとって普通の人です」と伝える程度のことだと思っています。

どうですか？　これで少しは断りやすくなりましたか？

断れる自分になった後に起こる変化

あなたが「いい人」の仮面を外して嫌なことは嫌と言えるようになり、上手に断ることができる女性に成長したとしましょう。すると、どうなると思いますか？

実は、**嫌なことを心からきっぱりと断れるようになると、不思議なことに、ほとんど嫌だと言わなくてもすむようになります。**

世の中には、断れない人を見つけて、都合よく利用しようとする「ずるい人」がいるのです。断れないでいると、そのような人を引き寄せてしまいます。

確かに、気の弱い人を見つけて利用するのはよくないことです。しかし、無数にいる「ずるい人」を責めたとしても、問題は解決しません。

あなたはひょっとすると、自分は利用されやすいタイプだとわかっているからこそ、恋愛を避けているのかもしれません。

もっと自分を大切にしていいんですよ。嫌なことはきちんと断る。そうすることで、結果的に相手も大切にすることができるのですから。

メッセージ

成熟した心を持った男性は、はっきり断られた方がありがたいと思うもの。断れる自分に成長し、幸せな恋愛を引き寄せましょう。

別れを自分から切り出してしまう

このタイプの人は、「もう私のことを好きじゃないのかも」「振られる前に自分から身を引こう」などと考えて、自分から関係を終わらせてしまうことがあります。あるいは彼に、「私のこと、もう好きじゃないの？」「本当は別れたいんでしょ？」など、すでに別れる覚悟を決めているような言葉を言ってしまうこともあります。

相手はそう言われるまで別れることなんて考えていなかったかもしれません。ところが、そう言われると「え？　俺ってコイツのこともう好きじゃないのかな？」と考え始めてしまい、潜在意識に「別れ」などのネガティブな考えがインプットされてしまうのです。

どんなに相性のいいふたりであっても、恋愛や結婚生活を維持するためには、お互いの努力が必要です。いつか終わる恋だと思っていると、関係にかげりが見えてきたときに、本気で関係を修復する努力ができないものです。

その結果、やはり予想通り関係が終わるという結末を迎えてしまうのです。

「予期不安」が関係を壊してしまう

このタイプの人は、**「幸せになる」ことよりも「傷つかない」ことを優先しています。**突然別れを言い渡されたら傷つくので、言われる前に自分で覚悟を決めてしまうのです。ちょうど試験の結果発表の前に、落ちたらショックだから、あらかじめ試験に落ちた自分がどう行動するかを頭の中でシミュレーションするようなものです。

試験の結果発表の場合は、すでに試験は終わっているのでいいのですが、恋愛ではのちのち深刻な影響があります。

それは、**あなたが「捨てられるかもしれない」と考えていると、その通りになりやすいということです。**

自分にとって都合の悪いことが起きるかもしれないという不安のことを、心理学では「予期不安」といいますが、恋愛においては予期不安が原因となって関係が終わってしまうことがあります。

つまり、こういう悪循環があるということです。

この関係は終わってしまうかもしれない（予期不安）

↓

前向きな努力が中途半端

↓

実際に関係が終わる

↓

「やはり私は捨てられる」という予期不安の強化

それから同じように、「浮気しないでね」「本当は職場に誰か好きな人がいるんでしょ？」といった言葉も、相手の意識を「浮気」に向けてしまいます。

また、「浮気されたらどうしよう」と考えると、ついつい行動に出てしまうものです。携帯の着信・発信履歴やメールをチェックしてしまったり、相手の行き先を事細かに聞いてしまったり。

皮肉なことに、「いつか浮気されるかも」という不安から、いろいろと対策を講じようとすればするほど、相手にとってあなたは魅力的でなくなり、関係は悪くなります。

相手を変えようとして、行動をチェックしたり、行動を制限しようとしても、結局人は自由に行動するもの。むしろ、あなたが魅力的でなくなる分、相手の心は離れやすくなってしまうのです。

ですから、相手が自由な意思であなたを選び続けてくれる関係を作ることが大切なのです。

メッセージ

捨てられる不安を持っていると、その通りになってしまう場合があります。彼との絆を強くする前向きな行動に意識を向けましょう。

第3章

相手に頼れない『自立タイプ』はこんな人

［呪いの仮面］……できる人

遠慮グセがある

このタイプの人は、たとえば男性が「荷物を持ちましょうか？」と声をかけてくれても、「大丈夫、自分で持てるから」と遠慮して断ってしまいます。

あるいは、食事をご馳走してくれると言っているのに割り勘にしてしまったり、仕事や趣味の活動でわからないことがあっても、全部自分で解決しようとしてしまうこともあります。

私たちは、他人に迷惑をかけてはいけないと教えられて育ちます。確かに、故意に迷惑をかけるのはいけないことです。

しかし、他人に一切迷惑をかけず、空気のように生きるのも、また無理なことなのです。私たちは誰かの世話にならなければ生きていけないようにできています。

そして、本当は誰でも「世話をしてもらいたい」「気にかけてもらいたい」というニーズを持っているものです。そのニーズを「ひとりで何でもできる人」という仮面で覆って、必要以上に遠慮してしまうのがこのタイプの人です。

実はこの遠慮グセがあると、恋愛がうまくいかないのはもちろん、出会いまで遠ざけてしまいます。そのため、このタイプの人の中には、「彼がずっといない」という人も多いのです。

親切はきちんと受け取ろう

恋愛感情は、本来生殖のためのものです。ゆとりのある状態でなければ、子どもをしっかり育てて命をつないでゆくことができません。ですから、私たち人間、特に女性はゆとりのある状態のときに恋愛感情を持ちやすくなるようにできています。

手助けしようと声をかけてくれるような男性と一緒にいると、女性はゆとりを感じることができます。そのため、そのような余裕のある男性に対して恋愛感情を持ちやすくなるのです。

ですから、恋愛をしたいのであれば、**男性があなたの役に立ちたいと思って声をかけてくれたときは、その親切をきちんと受け取ることが大切です。**「迷惑になるかもしれない」とか、「自分でできるからいいや」と遠慮してしまうと、せっかくの好意だけでなく、まだ眠っているあなたの恋心までポイッと捨ててしまうことになるのです。

遠慮グセをやめて、愛を呼び込もう

好きでもない男性に言い寄られないために「借りを作らない」というのは、一つのテクニックです。つまり、あえて親切を受け取らないということです。

人は、親切にしてくれた人に対して「借り」を感じます。そして、「借り」を感じている人から何かを頼まれると、むげに断りにくくなるのです。

ですから、男性は自分の親切を受け取って、自分に「借り」を感じている女性に対して、デートに誘ったり、告白したりしやすくなります。

それを防ぐために、「この人には近づかれたくない」という男性の好意は、逆に受け取らない方がよいのです。

ということは、**気になる男性からの好意も遠慮して受け取らないでいると、彼に対しても「あなたに近づかれたくありません」という無言のメッセージを伝えていることになります。**これでは、確実に出会いを遠ざけてしまいます。

とはいえ、いきなり「遠慮するのをやめて、好意を受け取りましょう」と言われても、すぐに行動に移すのは難しいかもしれません。

特に心や時間にゆとりのない父親や、あまり家にいなかったり、いても母親の影になっているなど、家庭内で存在感がない父親に育てられた女性の場合、あるいは、何でも自分でやるように厳しく育てられた女性の場合、男性からどうやって親切にしてもらえばいいのかわからないことがあります。

そのような場合は、生活や気持ちに余裕のある男性から親切にしてもらうとよいリハビリになります。まずは重いものを持ってもらい、心から喜んでみることから始めてはいかがでしょうか。

メッセージ

心の成熟した男性は、あなたを手助けしたいと思っているもの。親切は受け取って心から喜びましょう。それができたとき、恋のチャンスが訪れるはずです。

頼りない男ばかり寄ってくる

人間の恋愛感情は、自然の摂理にしたがってとてもうまくできています。恋愛感情は生殖のために備わっているものです。特にセックスは妊娠・出産とつながりますから、女性の負担が大きいのです。

そして、その身体的な負担を潜在意識もちゃんとわかっていて、その負担を一緒に担ってくれる男性に対して恋愛感情がわくようにできています。一方、成熟した男性も「自分が役に立てる」と感じる女性を好きになります。

恋愛初期は、男性からプレゼントされたり、ご馳走してもらうことが多いと思います。そして、そういった経済力のある男性に惹かれることも多いでしょう。

経済力があれば、妊娠したときにも支えてもらえるし、子どもが生まれても大丈夫。

頭でそう考えているわけではなくても、余裕のある男性に対して恋愛感情がわくというのは理にかなっているのです。

ところが、現代は女性が女性らしくいることが難しい時代です。自立していることが大切で、男性と差があってはいけないという風潮です。

このタイプの人は特に、ついつい恋愛も対等でなければいけないと思ってしまったり、自立心が強いあまり、男性に頼れず、何でも自分でやってしまったりします。

がんばればがんばるほど逆効果

恋愛に関しては、おもしろいことに、**女性が自立的だと依存的な男性が寄ってきます。**依存的な人、つまり自分の能力に自信がない人は、相手に自分の持っていないものを求める傾向があります。

経済力に自信がないと、経済的に安定した相手を求め、感情のコントロールに自信がないと、怒っても去っていかない相手を求める、というように。

このタイプの人は、「できる人」の仮面をつけ、自分の欠点を見せないように生きていますから、自信のない、依存的な男性から見ると、すごく理想的に見えるのです。

逆にあなたのことを助けたり、支える力のある頼もしい男性から見ると、欠点を見せない女性は「かっこいいところを見せるチャンスがなくてつまらない」のです。

完璧な自分を演じようとがんばればがんばるほど、自信がなくて、依存的な男性が寄ってきます。そんな「重い」男性が寄ってくるのでは、恋愛が長続きしないのも当たり前。この場合は、**長続きしないことよりも、はじめから相手選びを失敗していることが問題なのです。**

このパターンから抜け出すためには、「できる人」の仮面を外し、等身大の自分をきちんと相手に見せることが大切です。

素敵なところも、もちろんアピールしていいのですが、苦手なこと、恥ずかしい部分、情けない部分も勇気を出して見せることが大事です。そうすることで、相手に活躍の場を与えることができます。そして、その習慣ができれば、あなたの苦手なことを補ってくれる、頼りがいのある男性が寄ってくるようになるのです。

これは、「わざとスキを作る」という定番の恋愛テクニックと似ていますが、本当に苦手だったり、弱かったり、恥ずかしかったりする部分をさらけだすという点が違います。**表面的なテクニックではなく、勇気を出して自分と向き合うことが必要なのです。**自分の苦手なことをちゃんと相手に伝えて、頼れるところは男性に頼ってみましょう。自立の罠から抜け出したいのなら、それが突破口になります。

メッセージ

欠点を見せないことは、決していいことではありません。等身大の自分を見せ、相手に活躍の場を与えることができるようになれば、頼りがいのある男性が寄ってきますよ。

知らず知らずのうちに相手に勝とうとしている

このタイプの人が陥りやすい罠は、相手と主導権争いをして勝ってしまうことです。恋愛関係において、一方が主導権を握ってしまうと、もう一方は自分らしさを発揮できず、不安な気持ちを抱えたまま関係を続けることになります。

序章の「香織の物語」で、香織と浩一の関係を見ると、香織がいつも主導権を握っていて、浩一が振り回されています。

相手が依存的な男性であれば、このような関係が続きますが、**自立した男性は基本的に、女性に主導権を握られることをとても嫌がります。**ですので、浩一は、最終的に香織に別れを告げるという選択をしたわけです。

自立した女性の場合、こうして「たまたま」手に入った頼れる男性との交際も、「仮面の呪い」のせいですぐに終わってしまうのです。

主導権争いをする理由

では、なぜ主導権争いをしてしまうのでしょうか？

それは、**男女関係を「上下関係」でとらえているからです。そして、相手より少しでも優位に立とうとしてしまうのです。**

このタイプの人は、「主導権を握れないと、相手の気持ちを引きつけておけない」「主導権を握れないと、自分の意見を聞いてもらえない」と思い込んでいます。

その不安から逃げ、束の間の安心感を手に入れるために、知らず知らずのうちに相手に勝とうとしてしまうのです。

しかし、よく考えてみると、一方が勝てば一方は負けます。勝った方は主導権を握れるのでいっとき「安心感」が手に入りますが、心のどこかで相手を見下してしまうので「尊敬できる相手といられる幸せ」を失います。

負けた方は自分より格上の相手と交際できて幸せですが、「安心感」を手に入れるのはあきらめなければいけません。

もちろんこのような関係は長続きしません。

「それなら引きわけの関係、対等な関係を目指せばいいんだ」と考えるかもしれませんが、惜しい！　それではあともう一歩足りません。

引きわけの関係は「妥協」であり、「尊敬できる相手といられる幸せ」もそこそこ、「安心感」もそこそこ、という関係です。

「勝ち」「負け」「引きわけ」のどれであっても、長続きする関係とはいえないのです。

つまり、**勝ち負けの意識自体を乗り越えなければ、安心感に包まれた関係は築けないのです。**

自分の弱いところを相手に助けてもらおう

では、どうしたら尊敬できる相手と安心感に包まれた関係が築けるのでしょうか。どうしたら勝ち負けの意識を乗り越えることができるのでしょうか。

まず、大事なのは、**うまくいくカップルはわかち合い、支え合いの心を持っているということです。**自分の素敵なところ、カッコイイところ、得意なこと、つまり長所をひとり占めするのではなく、相手とわかち合うことで、ふたりともより豊かになれるのです。

たとえば、あなたが人づき合いが得意なら、人づき合いの苦手な彼を上手に仲間に入れてあげられます。

逆も同じです。自分の足りないところ、弱いところ、情けないところ、苦手なところ、つまり短所を相手に補ってもらうことで、相手に活躍の場面、感謝される場面を作ってあげることができるのです。

自分の例で恐縮ですが、私はスケジュール管理が苦手です。しかし、妻は先のことまで計画するのが得意で、仕事やプライベートの計画を立てるときにとても助かっています。妻の立場からすれば、自分が活躍する機会があることが安心感につながっているわけです。

心を開くことで強い絆が築ける

わかち合えて支え合えるカップルになるためのはじめの一歩が「心を開くこと」です。つまり、**自分の弱いところや情けないところも含めて、ありのままの自分を相手に見せることです。**とても魅力的な人でも、ちょっとお茶目なところがあったり、意外に弱いところがあったりした方が親近感がわきませんか？

あなたが「できる人」の仮面をつけていつもがんばっていると、相手は息が詰まります。あなたが素顔、つまり寂しかったり不安になったりするありのままの自分を見せることで、相手は安心できるのです。そして、あなた自身も、素敵なところと弱いところの両方を相手に受け入れてもらうことで、限りない安心感を得られます。

こうして、**素敵なところと弱いところの両方を受け入れ合い、支え合おうと心から決めたとき、主導権争いなど関係ない本当の絆ができるのです。**

勝ち負けの意識から卒業できない人は、相手に支配されることを怖れています。しかし、あなたにはぜひその怖さを乗り越え、ありのままのあなたでいられるような関係を築いてもらいたいのです。

後は、あなたが勇気を出せるかどうかにかかっています。

メッセージ

勝ち負けの意識を卒業し、わかち合って支え合うカップルを目指しましょう。あなたの長所を気前よく差し出し、弱い部分も勇気を出して相手に見せていくことが大切です。

とにかく忙しい

このタイプの人が陥っているパターンの一つが、常に忙しくしていてリラックスする時間がないということです。しかし、女性が恋愛に心を向けるためには、ゆったりとした時間を過ごす必要があります。

人生の中には、どうしても忙しくなってしまう時期、勝負どころというのがあります。そんなときは、自分の課題をしっかりとこなすことを大事にしてもいいでしょう。ただし、**慢性的に忙しい場合は心の問題が潜んでいます。**

恋愛に向かう気持ちがイマイチ持てないというあなたは、ゆったり過ごす時間を作ってみることが解決につながるかもしれません。

本来、恋愛感情は生殖するために備わっているものです。自分が生きるのにやっと

の状態では赤ん坊を守り育てることはできませんから、ゆったりした気持ちのときに恋愛感情が花開くというのは理にかなっているのです。

がんばりすぎてしまう理由

このタイプの人は「がんばっていないといけない」という考えに縛られているケースが多々あります。

その裏にあるのは「罪悪感」だったり、自分に価値がないという「無価値感」だったり、または経済的な「不安」を感じないために一生懸命仕事をしているという場合もあるかもしれません。

「がんばりすぎてるな」と感じる人は、たとえば「もし、今仕事をやめて、ゆっくり過ごすとしたら、どんな気持ちがするだろう?」と自問してみてください。

そして、あなたがリラックスできない感情的な理由を探ってみることをおすすめします。

私たちは思っている以上に「感情」に振り回されて生きているものです。もしリラックスできない理由が「罪悪感」や「無価値感」からくる「がんばっていないといけない」という感覚だとしたら、根っこにある感情を解消することがリラックスにつながります。

５章にある、仮面を外し、呪いを解くワークを実践していくと、これらの感情も解消していきます。

メッセージ

恋愛は、ゆったりのんびりした心でこそ十分に楽しめるもの。常に忙しくしていて余裕がない自分に気づいたら、自分をそう駆り立てている気持ちに目を向けるところから始めていきましょう。

理想が高い

つき合う相手に求める条件は何ですか？　優しい、思いやりがある、頼もしい、ユーモアがある。もしかすると外見的なことや、職業、収入なども条件に入るかもしれません。あるいは、自分の母親とうまくやってくれるかどうかや、長男以外という条件をつけたい人もいるかもしれません。

理想が高すぎると恋人ができない、あるいは結婚できないという話はよく聞きます。そして、一番大事な条件だけ残して、後は目をつぶりましょうというアドバイスもよく聞きますね。

ところが、このタイプの人はこう思っています。「妥協しても後悔するだけだ」と。

しかし、ここでちょっとショッキングなお知らせをしなければいけません。

実は、**自分に自信がない人ほど条件が多くなるのです。**たとえば、自分に稼ぐ自信がないと、経済的に安定している人を求めざるを得ない、というように。

つまり、**相手に対する理想が高いということは、その分だけ一方的に相手に頼りたいと言っているのと同じなのです。**

条件に合う人を探すのではなく、自分を見つめよう

人は誰でも、素敵な部分と情けない部分と両方持っていますから、あなたの中にも自信がない部分や相手に頼りたい気持ちがあって全然構わないのです。それを補ってくれるパートナーを求めてもよいのです。

しかし、白馬に乗った王子様のような完璧な相手が現れるという幻想を持っていると、パートナーがなかなかできません。

そして、仮にもし現れたとしても、恋愛初期のラブラブの時期を過ぎ、少し冷静に

なった頃には少しずつ問題が見えてきます。そうなると、今度はその状況から自分を救ってくれる別の王子様が必要になってしまうのです！

どんな人にも、ちょうど合う相手がいるものです。あなたの欠点は相手に補ってもらい、相手の欠点はあなたが上手に補ってあげれば、それでよいのです。

妻と私は、時間の感覚が大きく違います。私はスケジュールを立てて計画的に行動するのが比較的苦手なのです。電話カウンセリングの予約が夜九時なのに、朝九時に電話を待っていて「おかしいな？」と思っていたことが何度もあります。必ず早い方に間違えるので、まだ救いがありますが。

逆に妻は計画的で、私に恥をかかせないよう、「今日は夜九時にカウンセリングがあるんだっけ？」と質問の形でそっとサポートしてくれます。

一方私は計画が苦手な分、今に集中し、今を楽しむのが得意です。遊びの計画が突然変更になったときもまったく動じることはありません。変更になった結果、「おもしろくなってきたな」と思わぬ収穫を得ることを楽しんでいます。

相手に一方的に補ってもらうのではなく、上手に補い合うことが大切です。
ですから、もしも相手に対して高い理想を持ってしまうとしたら、そういう相手を探し求めるのではなく、逆に「自分に自信がないのかもしれない」と考えて、自分を見つめるきっかけにしてみてください。

メッセージ

恋愛に関しては、「理想が高い」のは「自信がない」「相手に頼りたい」の裏返しです。一度自分を見つめるきっかけにしてみてください。

「女らしさ」を嫌っている

このタイプの人は、自分が女性であることを無意識に嫌っていて、その結果恋愛がうまくいかないということがあります。

「自分が女であることを嫌う？　そんなバカな！」と思うかもしれませんね。そんな方のために、自分の中の「女らしさ」を嫌っているかどうかを知る方法があります。

それは、他人を鏡にするという方法です。**見ていてイライラする人がいたら、その人と同じような部分を自分も持っていて、しかもその部分を自分で嫌っているのです。**

これを「投影の原理」と呼びます。

たとえば、男性に対して愛想がよく、ちやほやされている女性を見て「何媚《こび》売ってんの！」とイライラするとしたら、自分の中にある女らしさを嫌っていることが原因かもしれません。

また、とても感情表現が豊かで、楽しさも表現するし、悲しさも表現できる、そんな女性を目の前にしたときに嫌な感じがするとしたら、自分の中にある感情豊かな部分を嫌っているのかもしれません。

「女らしさ」って何？

では、そもそも「女らしさ」とは何でしょうか？

受け取り上手でもてなされ上手、愛想をよくして他人によい感情を与える、感情をのびのび表現する、これは「女らしさ」の大きな特徴です。他人に好かれる能力ともいえます。

反対に、物質的なものを与える、感情を抑えて理性的に行動する、自分ひとりで行動し、目標を定めてそれを達成する、というのは「男らしさ」です。

「男らしさ」と「女らしさ」の重要なポイントは、男性が「男らしさ」を発揮するには女性の「女らしさ」が必要で、逆に女性の「女らしさ」を引き出すのが男性の「男らしさ」だということです。

つまり、男性がプレゼントしたり、食事をおごったりして、それを女性が喜んで受け取るというのは、「男らしさ」「女らしさ」を発揮し合い、恋愛をスタートさせるための一種の儀式なのです。

「男らしさ」を持ったいい男は、女性がリラックスして、感情をのびのび表現できるように、物質的なものを与えておもてなしをします。

「女らしさ」を持ったいい女は、男性が自分を喜ばせたいと思っているのを理解し、喜びと感謝の気持ちが相手に伝わるように表現します。

ここで知っておいていただきたいのは、この**「恋愛をスタートさせる儀式」は、男性による一方的なものではなく、男女の共同作業だということです。**

男が男らしく、女が女らしくあるべきだということではありません。実際、男も女も、「男らしさ」と「女らしさ」の両方を開花させてこそ魅力的になるのです。

そして、ここが大事なポイントですが、男らしさをより強く持っている人と、女らしさをより強く持っている人がうまく補い合いますから、引き合うことが多いのです。

ですから、**男らしい魅力を多く持っている人とうまくいきたいなら、女らしい魅力を持つことが必要なわけです。**もともと男っぽい女性もいます。あなたがもしそうなら、少し女性的な男性と一緒になることでうまくいくかもしれません。

ただし、「男っぽい」のと「自分の女らしさを嫌っている」のは違います。先に書いたように、女らしい女性を見てイライラするとしたら「嫌っている」のだと思います。その場合、なぜ自分が女らしさを嫌うに至ったのかを知り、自分の中の女らしさを認めることが、幸せな恋愛をするためのヒントになるかもしれません。

「女らしさ」を嫌う原因

自分の中の女らしさを嫌う原因は、おそらく母親の影響です。母親が自分に経済力がないからと、いやいや男性（つまり父親）に気を使って生きていたりすると、「私はお母さんのようにはならない」「自分の力で生きる」という気持ちが強くなります。

あるいは、母親自身が、「私はお母さん（つまりあなたから見たおばあちゃん）のようにはならない」と男性に頼らない自立した生き方をしていて、あなたもお母さんの考え方をそのまま受け継いだのかもしれません。

自分の中の女らしさを嫌ってしまうと、心理的には男として生きることになってしまいます。自立して、自分の力で生きる。感情を抑えて……。

しかし、誰にも期待せず、ひとりで生きるとなると、人生はつまらないものになってしまいます。つらい過去があったとしてもそれを手放し、再び幸せな恋愛・結婚を求めることが、幸せな人生につながるのではないでしょうか。

メッセージ

自分の中の「女らしさ」を認めてあげましょう。感情豊かな「もてなされ上手」になることで、あなたの魅力が開花し、幸せな恋愛に近づくことができます。

第4章

恋愛がうまくいかなくなる「呪いの仮面」とは?

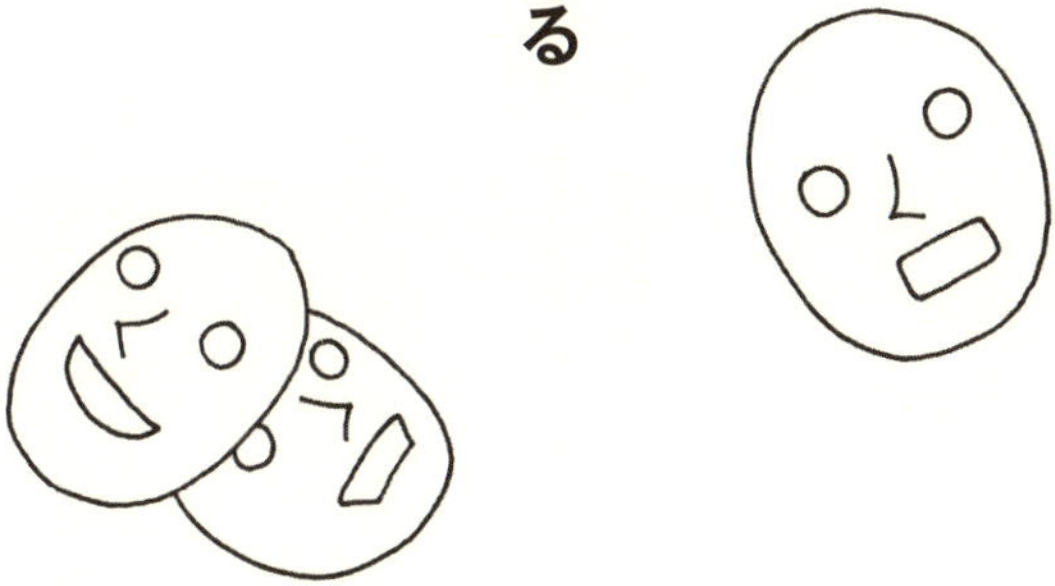

「呪いの仮面」を外すことが恋愛上手への第一歩

ここまで、代表的な三つの「呪いの仮面」を紹介してきましたが、ここからは仮面についてもう少し細かく見ていきましょう。

たとえば『自己犠牲タイプ』の「いい人」という仮面は「(相手を怒らせないように)気を使う人」「(自分が怒らないように)我慢する人」「自分の要求を言わない人」といった小さな仮面が集まってできています。

このように、細かく見ていくと、仮面には本当にさまざまなものがあります。「おもしろい人」「モテる人」「元気な人」「自信家」「他人に迷惑をかけない人」「かわいい人」「できる男」「クールな人」「熱血漢」「厳格な人」「正義漢」など。

中にはネガティブなものもあります。「すぐ病気になる人」「怒りんぼ」「自信がない人」「寂しがり屋」「甘えん坊」「存在感のない人」など。

ちなみに、ここで「仮面」といっているものは、前述のように、日常生活の中で私たちが使いこなしている、場面に応じた自分、役割、あるいは「自分はこういう人だ」というセルフイメージのことです。心理学的には、「ペルソナ」と呼ばれていて、心理学者のユングが名づけたものです。

外せない仮面が「呪いの仮面」になる

仮面は必要なものですが、仮面が固定化して状況に応じた行動がとれなくなると、恋愛がうまくいかなくなります。

私自身の話になりますが、以前私は「有能でがんばっている人」という仮面をかぶっていました。

「有能でがんばっている人」という仮面をかぶっていると、当然仕事をがんばりますから、仕事がスイスイ進みます。上司や関係者から信頼されます。同僚からも「あいつはデキルやつだ」と一目置かれます。

いいこと尽くしのようですが、この仮面が外れなくなると恋愛に支障が出てきます。

その頃の私は、彼女に対してつい知識・ウンチクを披露して自分が有能であることをアピールしてしまったり、疲れていてもデートをキャンセルできなかったり、果ては仕事を断ることができずに、疲れ果てて結局デートに行く元気がなくなってしまったりしていました。

ここまで来ると、まさに「呪いの仮面」。今振り返ってみると、「そこまでして何の意味があったんだろう?」と思う行動もたくさんありました。

しかし、**仮面が外せなくなってしまうと、苦しくても自分の行動パターンを変えられなくなってしまうのです。**

仮面は、上手にかぶり、上手に外し、本当の自分を見失わずに使いこなしていれば忌み嫌わなくても大丈夫なのです。しかし、決まった仮面をかぶり続けて外せなくなってしまうと、「呪いの仮面」となって私たちを苦しめるのです。

「呪い」を解くと恋愛がうまくいく！

いつも怒ってばかり、いつも本心を偽って相手に譲ってばかり、いつもひとりでがんばってばかり……など、いつも似たようなパターンで恋愛がうまくいかなくなる人は、自分の行動パターンを変えてみることが解決策になります。たいてい、**自分がまだやっていない行動パターンの中に、うまくいく方法があるものです。**

怒れない人は怒ってみる、怒ってばかりの人は相手を理解してみる、我慢してしまう人は要求してみる、要求ばかりしてしまう人は相手の話を聞いてみる、ひとりでがんばってしまう人は他人を頼ってみる、焦って行動してしまう人は待ってみる、というように。しなやかに、その場に応じた行動をすることが大切です。

とはいえ、行動を変えてみたとしても、なかなか定着しないものです。自分を偽っているように感じてしまったり、気を許したら元に戻ってしまったり。また、怒れない人が怒るには相当の心理的抵抗があります。

そもそも「行動を変えましょう」と言われてすぐ変えられるぐらいなら、もう変えているはずなのです。

つまり、そこには、仮面を固定している「何か」があるのです。その「何か」を本書では「呪い」と呼んでいます。「呪い」のおかげで、仮面は意思の力では容易に外せなくなっているのです。

この「呪い」を解き、固定化した仮面を外せるようになること。それが恋愛上手になり、恋愛を長続きさせるためのはじめの一歩なのです。

恋愛のテクニックに関する本を見ると、恋愛がうまくいくための「行動のしかた」が書かれています。これは、「新しい仮面」を作ることに相当します。

もちろん、それでうまくいくのであれば問題ないのですが、恋愛でつまずく人というのは、**新しい仮面がかぶれないことよりも、むしろ今かぶっている仮面が外せないことの方が問題なのです。**

その状態で「新しい仮面」を作ってしまうと、仮面の上にさらに仮面をかぶることになって、がんじがらめになってしまいます。

ですから、まずは仮面にかかっている「呪い」を上手に解いて、外れない仮面を必要に応じて外せるようになることに努力を注いだ方が得策なのです。

「呪いの仮面」の下に押し込んだ本当の自分に気づく方法

「仮面」というからには、本当はその下に素顔が隠れているはずです。

ところが、**「呪いの仮面」とは、仮面に自分の本心が乗っ取られている状態なので、素顔の自分を自覚できなくなっています。**

たとえば、『依存タイプ』の人は、「かわいそうな人」の仮面の下に、本当は（主に子どもの頃の）寂しさや不安を抱えていますが、その存在を認めていません。また、感情に責任を持ち、きちんとケアできる自分を仮面の下に眠らせています。

『自己犠牲タイプ』の人は、「いい人」の仮面の下に、本当は自分の感情やニーズを抑え込んでいますが、その存在を認めていません。また、それらを表に出すことも許していません。

『自立タイプ』の人は、「できる人」の仮面の下に、本当は「相手に頼りたい」というニーズを持っていますが、その存在を認めていません。また、そのニーズを表に出すことも許していません。

このように、自分で認めていなかったり、嫌っていたりする本当の気持ちや人格のことを「シャドウ」といいます。うすうす気づいている場合もありますが、「シャドウ」は本人でさえ意識できないほど心の奥底に埋まっているものです。

「呪いの仮面」と「シャドウ」の関係

「呪いの仮面」の下に「シャドウ」を押し込めている場合、目の前にその「シャドウ」を丸出しにした人が現れると過敏に反応します。例を挙げて説明した方がわかりやすいので、私の経験を紹介します。

以前、横浜の山下公園でデートの待ち合わせをしていたことがありました。のんびりする予定ですから、ちょっとくらい遅刻しても目くじらを立てるような状況ではありません。しかし、そのときの私は、十分ほど遅れてきた彼女のことが許せなかったんです。彼女が来た途端に怒り出してしまい、険悪な雰囲気でデートが始まることになりました。

今思い出しても痛い思い出です。当時は自分でも何でこんなに腹が立つのかわかりませんでした。

この経験と、「呪いの仮面」「シャドウ」がどう関係しているかについて説明します。

私はもともと、割とのんびりした性格です。物事を計画的に進めることは、できないことはないけれど、むしろ今を楽しむことの方が得意です。これが本来の自分です。

ところが、「早くしなさい！」と親に怒られたり、朝慌ただしく起きて私立の中学校に電車通学したりするうちに、「時間をきちんと守って計画的に行動する人」という「仮面」ができました。

私にとって、「時間を守る人」という仮面は外せないものでした。しかし、その仮面の下で本来の自分、つまり「のんびりしたい自分」が苦しがっていたのです。これが「シャドウ」です。

「シャドウ」を押し込めていると、目の前にその「シャドウ」丸出しの人が現れたときに猛烈に腹が立ちます。私の例でいうと、「俺はこんなに我慢して時間厳守しているのに、お前は何だ！」というわけです。

本当は、自分ものんびりしたかった、うらやましかったんです。そして、そんな彼女に対してものすごく腹が立った。その怒りは、「のんびりしたい自分」を仮面の下に押し込めたときの心の痛みが原因だったのです。

しかし、このようなときに、いつも相手のせいにしていたら、自分が成長する機会を失ってしまいます。それだけでなく、確実に恋人との関係を悪化させる方向に働きます。

つまり、**イライラをきっかけにすれば、自分の「シャドウ」の存在に気づくことができるということです。**そして、それを外に出してあげることができれば、人間としてひと回り成長することができるのです。

イライラを感じられない場合は

ただし、あなたがもし、『自己犠牲タイプ』のように、「怒らない人」という「呪いの仮面」をつけていたとすると、「イライラする」「腹が立つ」という感情自体がわからないことがあります。すると、イライラをきっかけにして「シャドウ」に気づくことが難しくなるのです。

怒りの感情を抑え込んでしまった場合は、「気分が悪くなる」「嫌悪感がする」「吐き気がする」「脱力感」、あるいは逆に「体に力が入る」という形で自覚症状が出ることが多いようです。

また、怒りを仮面の下に押し込めていると、まわりの人が自分に怒りを向けてくるという現象が起きます。これを「転移」といいます。

見ていて自分がイライラする人はあまりいないけれど、まわりの人が自分に対してイライラすることが多い、いじめられることが多い、なぜか彼にキレられることが多い、という人は、この可能性があるかもしれません。

私も、相談を受けているときに、相談者の方が封じ込めている怒りが自分に転移してイライラしてきた経験があります。

人間には相手の抱えている感情を感じ取って自分のものにする「共感」という能力があります。そのため、怒りを押し込めてしまうと、その怒りが周囲の人に転移するのではないかと私は考えています。

そして、本人は自分の怒りに鈍感になっていますが、まわりの人は敏感なので、先にイライラし始めるのです。

具体的な「シャドウ」の見つけ方は、次の章で紹介していきます。

「嫌いな人」「なりたくない人」が多いほど「呪い」が強い

前項でご説明したように、仮面の下に押し込められた部分があると、それが「シャドウ」となってイライラの元になります。

ということは、仮面にかかった「呪い」が強力で、押し込められた「シャドウ」がたくさんあると、イライラすることも増えるわけです。

もしあなたが「好きな人」「憧れの人」よりも「嫌いな人」「なりたくない人」がまわりに多いと感じるのであれば、あなたの心の中にたくさんの「シャドウ」が住んでいるのかもしれません。

「私の嫌いな人は、本当にひどい人なので、嫌いと思って当然だ」と思うかもしれませんが、それでもあえて、あなたの心の中にあるものを探ることが大事だ、とお伝えしておきます。

人はどんなときも相手の中に自分を見る

ある心理学ワークショップに参加したときのことです。

「相手を見て、見た通りのことを口に出してください」というワークがありました。実際にやってみて、一つ非常におもしろいことを発見しました。

私は目の前の人を見ていて「あ、その眼鏡、私ならかけないな」「あ、名前を書いたシールがはがれかけている。先日自分で開催したワークショップではシールの糊が弱くてよくはがれたんだよな～」ということを思いました。

また、別の人は私が汗を拭いたのを見て「これから汗の季節だ。(自分が)汗かくと大変だなぁ」私の髪にある白髪を見て「(自分の)白髪染めが少し落ちてきたなぁ」と感じたようです。

つまり、**「相手のことをありのままに見てください」と言われても、私たちは、「自分について気になっていること」を相手の中に見てしまうのです。**

自分の中にある怒りっぽい部分が嫌だと思っていれば、相手の怒りっぽさが気になり、自分の中にある「過干渉はいけない」というルールが人一倍強ければ、相手からの干渉を人一倍嫌だと感じます。あるいは、「太りたくない」と思っていれば、太っている人が気になったりするのです。

ですから、**他人を見て気になる部分を見つけたら、「ひょっとして、私は自分のその部分が気になっているんじゃないか？　嫌いなんじゃないか？」と考えてみることが大事なのです。**そして、その部分が自分の中からなくなれば、相手のことも気にならなくなるのです。

今まで「嫌だ」「嫌いだ」と思っていた人たちと同じ部分が「あなたの心の中にもあるのです」と言われるのは不愉快かもしれませんが、ちょっとだけ勇気を出して、自分の心と向き合ってみてはいかがでしょうか。

せっかくの成長のチャンスです。具体的なやり方は次章で解説しますが、まずは「やる！」と決めることが大切です。

きっと、その後の恋愛や人間関係がぐっと楽になるはずです。

仮面にかけられた「呪い」の正体とは？

さて、外せない仮面はまるで「呪いの仮面」のようだと前述しましたが、この「呪い」の正体は何か、ということをここでご説明します。

結論から言うと、**「過去の満たされなかった思い」「未完了の感情」**です。その多くは「期待を裏切られた経験」「目標が達成できなかった経験」から生まれます。

たとえば、あなたが彼とのデートを楽しみにしていたとします。一緒にディズニーランドに行く予定でした。一カ月前から、どんなコースでアトラクションを回るか、ガイドブックで調べてとても楽しみにしていました。

ところが、いざ当日になったら彼がどうしても外せない仕事で行けなくなってしまいました。ものすごく悔しくて「行きたかった！」と思いますよね。こういった心残りのことを心理学的には「未完の仕事」といいます。

私たちは、このような経験を子ども時代から山ほどしてきています。

先ほどのディズニーランドの例であれば、大人ならしばらくしたら気持ちの整理がついてあきらめられますが、子どもは人生経験も浅く、感情の起伏も激しいですから、つらかった思い出としてずっと心の底に残ってしまうのです。

三つのタイプの「未完了の感情」

『依存タイプ』の場合は、子ども時代の「私は十分に愛されなかった」という思いが未完了のまま残っています。

母親があまり家にいなかった。気持ちをわかってもらえなかった。甘えられなかった。家の中で安心できなかった。その満たされない思いを未だに抱えているわけです。

このタイプの場合、裏切られて傷つくことよりも、「愛してほしい」という思いが満たされないことの方が怖いのです。ですから、相手に感情をぶつけて「私を愛して！」「私の欲求を満たして！」と迫ることになるのです。

そして「かわいそうな人」の仮面を外そうとすると、「それを外したら、誰も愛してくれなくなるよ！　寂しいよ！　怖いよ！」という警報が心の中で鳴り響くのです。

『自己犠牲タイプ』も同じように、子ども時代に傷ついた経験をしています。よくあるのが、母親が父親に対して自己犠牲的に生きているという場合です。男性に甘えてはいけない、自分を犠牲にして尽くさなければいけないという考えを母親から譲り受けてしまうわけです。この場合、父親は自分勝手なタイプが多いようです。

もう一つ典型的なパターンは、母親が非常に感情の起伏が激しい『依存タイプ』だった場合です。「私はお母さんみたいになるのはイヤ」と、怒りを表に出すことを自分に禁止し、自己犠牲的に生きることを選んでしまったのです。

また、このタイプの人は、親の愚痴の聞き役をしている場合もあります。ひたすら我慢して親の愚痴を聞くことで機嫌をとり、家族がバラバラになるのを防いできたのです。

ですから、仮面を外して自分の感情を表に出してしまうと、関係が崩れてしまいそうで、怖くて仕方ないのです。

『自立タイプ』の場合は、子ども時代に「お姉ちゃんだから我慢しなさい」と言われ続けたとか、そもそも親が忙しかったり余裕がなかったりして十分に甘えられなかったとか、本当は頼りたかったのに、頼れなくて傷ついたという経験をしていることが多いようです。その結果、自分の中に「人に頼ると傷つく可能性が高い」というルールができたのです。

また、このタイプの女性は父親と心の距離が遠かった人が多いようです。そのため、男性にどうやって頼ったり甘えたりすればよいかわからないのです。

他人に頼りたい気持ちが出てきて、仮面を外したくなっても、「それを外しちゃダメ！　また傷つくでしょ！　もう散々痛い目にあったでしょ！」と、心の中で警報が鳴り響くので、なかなか外すことができないのです。

経験によってどのように仮面が作られるかは、本人の気質によるところも大きいため、決まったパターンに当てはめることはできません。同じ親が同じように育てた姉妹でも、性格が全然違うことがよくありますよね。

ここでは、とにかく過去に抱え込んで封印した「未完了の感情」があると仮面が外せなくなる、ということだけ理解できればOKです。

「呪いの仮面」は何のために作られる？

さて、ここまで読んで、「では『呪いの仮面』は一体何のために作られるんだ？」という疑問をお持ちになったかもしれません。確かに、これだけいろいろ問題があるのに、何でそんなものを作ってしまうのか？　それはもっともな疑問です。

この疑問に対しては、明確な答えがあります。それは、**「自分の心が二度と傷つかないように守るため」**です。

恋愛において、相手への期待は、傷つく怖れと隣り合わせです。ですから、相手と距離をとって期待しないようにしたり、あるいは恋愛そのものを避けて、裏切られて傷つくことから自分自身を守っているのです。

仮面は、育った環境と本人の持って生まれた資質によって作られます。

親がすぐにヒステリックになる家庭で育っても、姉が「怒らない人」つまり『自己犠牲タイプ』になり、妹は親にしっかり対抗してガンガン感情をぶつける『依存タイプ』になるということもあるのです。

仮面はあなたを守るためにある

一つだけ確実に言えることがあります。

それは、**本人の心の中で「これは絶対イヤ！」と感じた部分を守るように仮面ができるということです。**

姉が「怒らない人」になったとしたら、姉にとっては、自分が怒ることで相手に嫌われること、つまり「親のようにヒステリックになること」が「絶対にイヤ」だったわけですし、妹がガンガン感情をぶつけるタイプになったとしたら、妹にとっては、お姉ちゃんみたいに我慢してみじめな思いをするのが「絶対にイヤ」だったわけです。

同じ親に育てられても、むしろ姉妹（兄妹・姉弟）で違う仮面をかぶることが多いのです。

「呪いの仮面」の外し方は次の章で解説しますが、どんな仮面であっても「本当のあなたが傷つかないように守るためにある」ということを理解しておいてください。

もちろん、子ども時代には役立っていたけれど、今は不要になっている仮面や、時と場合を選んで使えばいいのに、外せなくて困ってしまう仮面もあります。

しかし、それらの仮面だって、あなたを守ろうとしてくれているわけです。無理やり外そうとしてもうまくいかない理由を何となく感じてもらえたでしょうか？

恋愛がうまくいったとしても「仮面」は問題を引き起こす

私の元に相談にいらっしゃる方の悩みの根底には、共通して「自分に自信がない」というものがあります。

たとえ恋愛や人間関係がうまくいったとしても、本当の自分で生きている感じがしないのです。

言い換えると、**他人から好かれているのは仮面であって、本当の自分じゃない、ということです。**他人と関わって生きていく限り、他人の目を気にして仮面をかぶり続けないといけない、他人からほめられても、ほめられたのは仮面であって自分じゃない、と思っているのです。

「仮面」がほめられても安心感が得られない

『自己犠牲タイプ』の人は、「いい人ね」と言われても、「いい人」でいることに疲れているし、心のどこかで「これは本当の自分ではない」と感じているので、せっかくほめられても心から喜べません。

『自立タイプ』の人は、「できる人」の部分をほめられたらうれしいと感じることが多いようですが、その部分だけを認めてもらっても安心感が得られません。「キミはひとりでも大丈夫だね」なんて言われると、泣きたくなってしまいます。

『依存タイプ』の人が「かわいそうな人」の仮面をほめられることはありませんが、内面で勝負できない分、オシャレや恋愛テクニックなどの外的な側面で相手の気を引こうとすることが多いようです。

ファッション雑誌を見てオシャレをしたり、雑誌の恋愛特集を読んで彼への言葉のかけ方やメールをやりとりする頻度、距離のとり方を学んだり、占いをヒントにして行動したり。

こうして作り物の自分で生きれば生きるほど、他人からどんなに賞賛されても、好かれても、「これは本当の自分じゃない」という感覚が強くなってしまうのです。

それに、本心に反して作った仮面は、人から評価されればされるほど外しにくくなって苦しくなります。

つまり、**本当の自分が傷つかないように「仮面」で自分を守った分、ほめられたときや好かれたときも、その賞賛や愛を受け取るのは「仮面」になってしまうのです。**

戦国時代には武将が暗殺を怖れて「影武者」を立てることがありました。しかし、もしその影武者がとても有能で、みんなから賞賛されたらどうでしょうか。

武将本人がほめられたと感じられないどころか、自分の立場が危ういとさえ思うはずです。

仮面、つまり別の人格を自分の本心に反して作ってしまうと、たとえそれで恋愛がうまくいったとしても、「作り物の自分だからうまくいったんだ」と感じてしまい、永久に安心感が得られないのです。

本当の自分で生きるってどういうこと？

では、「本当の自分って何？」という疑問がわいてくるかもしれません。簡単に説明すると、自分の「感情」「体の感覚」です。

他人の目ではなく、**自分の体の感覚を伴った「感情」を基準に物事を見て、決断すること**。これが、本当の自分で生きるということなのです。

ただし、本当の自分は、ちゃんと仮面を外せるようになってはじめて感じ取れるようになりますので、まずは今外せなくなっている仮面を外すことに力を注ぐことをおすすめします。

さて、ではどうやったら頑固で外れない「呪いの仮面」を外すことができるのでしょうか。

次の章では、頭で考えてもなかなか恋愛がうまくいかないと感じるあなたに、効果の高い心理療法の技法の中から、自分でできるセルフケアを厳選してご紹介します。

「呪いの仮面」を発見し、仮面を外す呪文を唱え、さらに強力な呪いを浄化するワークを行ってゆくという順番で、全部で六つのステップになっています。このステップを踏むことで、無理なく呪いの仮面を外すことができます。

第5章

「呪いの仮面」を外すための恋愛セラピー

STEP 1

心のスペースを作る

私たちは、目の前の出来事で手一杯だったり、頭の中が考え事でいっぱいいっぱいだったりすると、恋愛どころではなくなってしまいます。ですから、まずは心のスペースを作ることから取り組んでいきましょう。

心のスペースというのは、自分の気持ちを感じるための時間的、身体的、精神的なゆとりのことです。時間的なゆとりを持つこと、身体的な安全を確保すること、そして、誰かに自分の行動や考え方を責められたりしない、精神的に安全な場所を確保することが大切です。

また、自分で自分を責めるクセのある人は、自ら心のスペースをせばめてしまうことがあります。その点、よく注意してください。

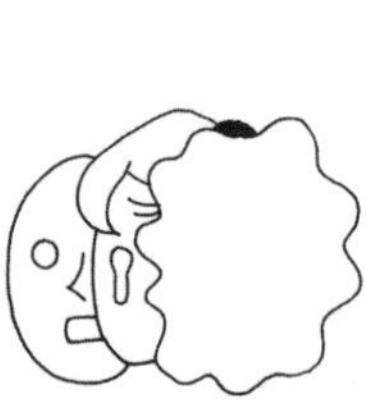

時間的ゆとりを作ろう

心の課題には、リラックスして、落ち着いて取り組むことが何より大切です。「忙」という字は「心」を「亡」くすと書く通り、忙しいと感情を感じられなくなります。感情を感じずにすめば一瞬気が紛れるかもしれませんが、結局解決を先延ばししているだけなのです。忙しい人は、今やっていることのうち、しばらくやらなくても支障のないことをやめて、まずは時間的なゆとりを作ってください。一日一時間でもいいですから、自分の気持ちをゆっくり感じる時間を作ってみましょう。

忙しい人は、暇な状態に慣れていないかもしれませんが、何となく手持ちぶさたな時間ができたらよい傾向だと思ってください。

精神的ゆとりを作ろう

精神的なゆとりも、心の課題に取り組む上ではとても大切です。

ただ、いきなり「精神的なゆとりを作ろう」「リラックスしてください」と言われても、急にはできないかもしれません。そんな方におすすめの方法があります。
心と体はつながっていますから、体の力を抜くと心も一緒にリラックスできます。

まず呼吸に意識を向け、ゆっくりと深呼吸してください。そして、ひと呼吸ごとに順々に体の部分に意識を向けていきます。顔、喉、胸、みぞおち、下腹、足、腕……。そして、意識を向けた部分の力を抜いていきます。

この方法で、精神的、身体的にリラックスすることができます。
また、このときに、自分が落ち着ける場所にいると想像するのもよいでしょう。たとえば、図書館が好きなら図書館にいると想像するのもいいでしょうし、体が暖かい色の光のヴェールで包まれていると想像することも、守られている感じがしてリラックスするのに役立ちます。

まずこのようにして、ゆとりを持って自分の心と向き合う準備をすることが大切です。心のスペースができただけで、問題が解決してしまうことさえあります。それほど重要なのです。

つらい感情がわき上がってきたら

一つだけ注意事項を挙げておきます。こうしてリラックスできるようになると、それまで抑えていたつらい感情や、過去のつらい思い出がわき上がってくることがあります。潜在意識は、過去のつらい感情を感じる余裕ができるまで、それを預かってくれていたのです。

ゆとりを作った瞬間につらい思い出がわき上がってきたとしたら、やっと思い出を整理する心の準備ができたということです。

抑え込むのではなく、後述する「フォーカシング」などの方法で、癒しを進めていってください。

STEP 2

「仮面」と「シャドウ」に気づく

前の章で、「呪いの仮面」が恋愛でいろいろな問題を起こすことについて説明しました。しかし、自分がかぶっている仮面に気づくのは、なかなか難しいものです。

代表的な仮面は「かわいそうな人」の仮面（依存タイプ）、「いい人」の仮面（自己犠牲タイプ）、「できる人」の仮面（自立タイプ）でしたが、ここではそれらの仮面を構成しているさまざまな「小さな仮面」について探っていきます。

「小さな仮面」が集まってできた「大きな仮面」（「かわいそうな人」「いい人」「できる人」などの仮面）を外そうとするよりも、「小さな仮面」を見つけて個別に外す方が抵抗なくできます。

まずは、次のワークをやってみてください。これは、「ありたい自分」「ありたくない自分」を書き出す「自分シート」、そして、「こんな人が好き」「こんな人が嫌い」と理想の恋人のイメージを書き出す「相手シート」を埋めていくワークです。

①「自分シート」を作ろう

まず、Ａ４の紙を用意してください。真ん中に縦線を書いて左右に区切ります。

そして、右側の一番上に「こんな人でありたい」と書きます。同様に左側の一番上に「こんな人でありたくない」と書きます。

そして、自分がどんな人でありたいのか、どんな人ではありたくないのかを思いつくままに書き出していきます。まずはそれぞれ二、三個ずつ書き出せばよいでしょう。ワークを進めていくうちに気づいたらどんどん追加していってください。

たとえば、「こんな人でありたい」の欄に、

「思いやりのある人」「優しい人」「嘘をつかない人」……

そして、「こんな人でありたくない」の欄に、「自分勝手な人」「思いやりのない人」「嘘をつく人」……という感じで書いていきます。

そして、書いたものの中で、自分が当てはまると思うものに○、当てはまらないと思うものに●をつけてください。

「○嘘をつかない人（でありたい）」というように、「こんな人でありたい」の欄に書いたものに○がつく場合もあるでしょうし、「○自分勝手な人（でありたくないけど、ときどき自分勝手さが出てしまう）」のように、「こんな人でありたくない」の欄に書いたものに○がつくこともあると思います。

②「相手シート」を作ろう

今度は別の紙を用意してください。同様に真ん中に縦線を書いて左右に区切ります。

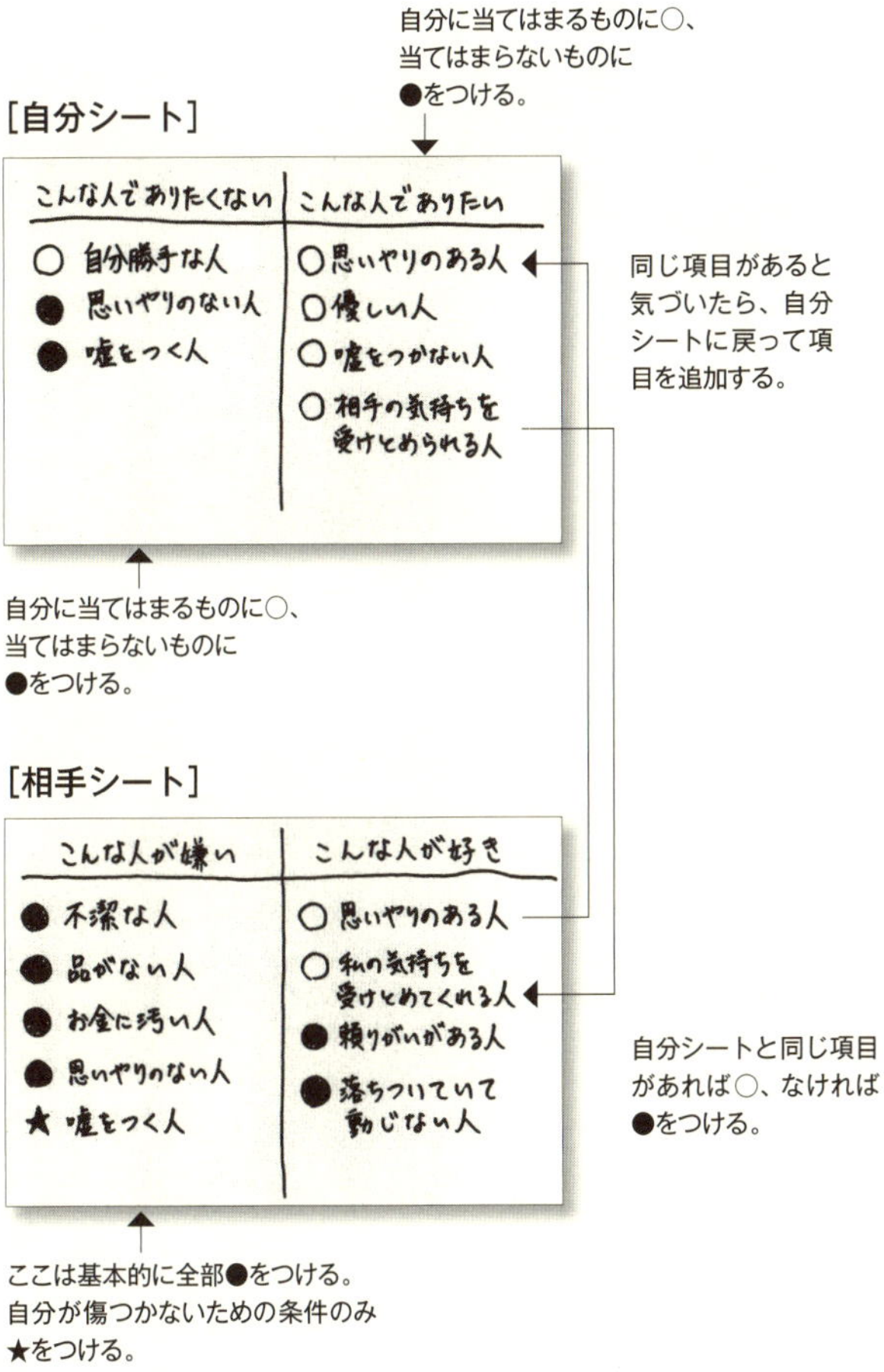
自分に当てはまるものに○、
当てはまらないものに
●をつける。
[自分シート]
こんな人でありたくない
○ 自分勝手な人
● 思いやりのない人
● 嘘をつく人
こんな人でありたい
○思いやりのある人
○優しい人
○嘘をつかない人
○ 相手の気持ちを受けとめられる人
同じ項目があると気づいたら、自分シートに戻って項目を追加する。
自分に当てはまるものに○、
当てはまらないものに
●をつける。
[相手シート]
こんな人が嫌い
● 不潔な人
● 品がない人
● お金に汚い人
● 思いやりのない人
★ 嘘をつく人
こんな人が好き
○ 思いやりのある人
○ 私の気持ちを受けとめてくれる人
● 頼りがいがある人
● 落ちついていて動じない人
自分シートと同じ項目があれば○、なければ●をつける。
ここは基本的に全部●をつける。
自分が傷つかないための条件のみ
★をつける。

そして、右側の一番上に「こんな人が好き」と書きます。同様に左側の一番上に「こんな人が嫌い」と書きます。

そして、どんな人が好きでどんな人が嫌いかを思いつくままに書き出していきます。

たとえば、「こんな人が好き」の欄に、「思いやりのある人」「私の気持ちを受けとめてくれる人」「頼りがいがある人」……

そして、「こんな人が嫌い」の欄に、「不潔な人」「品がない人」「お金に汚い人」……

という感じで書いていきます。

③「相手シート」の「こんな人が好き」の欄に印をつけよう

次に、先ほど書いた「自分シート」と比較しながら、「相手シート」に印をつけていきます。

まずは、「自分シート」の「こんな人でありたい」の欄と、「相手シート」の「こんな人が好き」の欄を比較します。そして、「自分シート」に書いてあるものには○、書いてないものには●をつけてください。ただし、「浮気をしない人」「暴力をふるわない人」など、あきらかに自分が傷つかないための条件だとわかるものには★をつけてください。

ここで、「こんな人が好き」の欄にある項目を見て、「私もこんな人でありたい」と気づいたら、「自分シート」に戻って項目を追加してください。

④「相手シート」の「こんな人が嫌い」の欄に印をつけよう

次に、「相手シート」の「こんな人が嫌い」の項目に移ります。この欄に書かれた項目には基本的に全部●をつけてください。このときに、「自分シート」の「こんな人でありたくない」も参考にして、「相手シート」に項目を書いていってください。

ただし、「嘘をつく人」「浮気をする人」など、自分が傷つかないための条件を書いていたら★をつけてください。

タイプ別の傾向

『自立タイプ』の人は、自分と同じタイプの人を「好き」と書いているパターンが多いようです。たとえば、「自分シート」の「こんな人でありたい」の欄に、

- 仕事ができる人
- 自分のことをきちんと自分でできる人
- オンとオフの切り替えができる人

というように書いてあり、自分に当てはまるので○がつけてあったとします。そして、「相手シート」の「こんな人が好き」の欄にも、同じような項目が並んでいる場合です。

このタイプの人は、自分にも他人にも公平なルールを当てはめることができるので、このように「よい」「悪い」の基準がしっかりしている人が多いように思います。

一方、『依存タイプ』の人は、自分にないものを持っている人を「好き」と書いているパターンが多いようです。たとえば、「相手シート」の「こんな人が好き」の欄に、

◦人の話をしっかり聞ける人
◦落ち着いていて、頼りがいがある人
◦話がおもしろい人

というように書いてあるけれど、「自分シート」の方には、同じような項目がない場合、あるいは書いてあるけれど、●がついている場合です。

これは、自分にはないところに憧れて、相手を好きになるというパターンです。「憧れ」ともいえますし、「劣等感の裏返し」ともいえます。たとえ自覚していなくても、本当は自分もそうなりたい場合が多いのです。

それから、『自己犠牲タイプ』の人は「自分が傷つかないための条件」である★が出てくることが多いようです。

たとえば、「自分シート」の「こんな人が好き」の欄に、「大声を出さない人」と書いた場合、昔父親が大声で怒鳴る人だったので、「あんなつらい思いはもう嫌だ」という思いが隠されている可能性があります。

これは「好き」というよりむしろ、「これをするタイプの人だけは避けたい」という「消去法」「防衛」になっているわけです。

その他にも、「暴力をふるわない人」「浮気をしない人」「借金をしない人」「ギャンブルをしない人」「お酒を飲まない人」などは、「自分が傷つかないための条件」だといえます。

また、「優しい人」「真面目な人」という一見そうは見えない項目も、掘り下げてみると同じような意味が込められていることもあります。その場合は、自分の本当の気持ちと向き合って正直に書き直してみてください。その方が、問題の解決が早くなります。

このワークでわかること

このワークによって、あなたの「仮面」と「シャドウ」がわかります。

○がついたところは「仮面」です。自分が認めている自分の性格や考え方です。右側の欄に登場した○はポジティブな仮面、左側の欄に登場した○はネガティブな仮面です。

そして、●は「シャドウ」です。自分には当てはまらないと思っている部分、あるいは、本当はそうありたいと思っているかもしれないけれど禁止している部分です。

たとえば「●時間にルーズな人（が嫌い）」という項目があったら、もしかすると、本当はのんびりしたいけれど「○時間を守る人（でありたい、でなければならない）」というルールを持っているので、我慢して抑え込んでいるのかもしれない、ということです。

ここで「なぜ●がついた項目に意味があるのだろう？」と感じたかもしれませんね。自分に当てはまらない項目に、一体どんな意味があるのかという疑問はもっともだと思います。

なぜかというと、**項目として挙げたということは、あなたはその項目に何らかの形で「興味がある」ということだからです。**本当に興味のないこと、自分と関係ないと思っていることであれば、項目として挙げられることすらないのです。

極端な例を挙げると、物理学や数学を真剣にやっている人でなければ、「こんな人でありたい」の項目に「微分方程式がスラスラ解ける人」という項目は書きません。たいていの人は自分とは関係ない世界のことだと思っているのです。

項目として挙げた時点で、何らかの興味があることはあきらかです。ですから、当てはまっていない項目でも、心理学的に意味があると考えられるのです。

ちなみに、○がついた「仮面」の多くは、自分でも受け入れている「呪いのない仮面」です。「呪いの仮面」はむしろ、●がついた「シャドウ」をヒントにして見つけることができます。

次の項目では、「シャドウ」を使って「呪いの仮面」を見つけ、呪文を唱えて外していく方法をお伝えします。

STEP 3

「呪いの仮面」と「シャドウ」を統合する～センタリング～

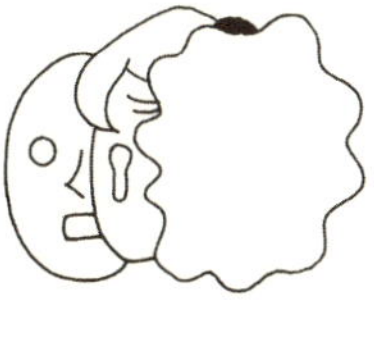

次に、今まで外せない「呪いの仮面」であったものを見つけて「シャドウ」と統合し、自分の意思で外せるようにする「センタリング」というワークをご紹介します。

「センタリング」とはゲシュタルト療法という心理療法の技法の用語で、「○○すべき」と頑なにこだわっている自分の心（呪いの仮面）と「それをするのは嫌だ」と思っている抑え込まれた自分の本心（シャドウ）とを統合し、葛藤を解消して、自分の意思で生きられるように成長することをいいます。

「呪いの仮面」を探そう

まず、「呪いの仮面」を見つけ出しましょう。

前項のワークで作った「相手シート」の「こんな人が嫌い」の欄をよく見てください。そこにある項目のうち、●がついているものに注目してください。そして、なぜ嫌いなのかについて考えてみましょう。

その際、あなたの中にある「〇〇でなければならない」「〇〇しなければいけない」「〇〇すべき」などの「ならない」「いけない」「べき」がつくルールがあるかどうか探してみてください。

たとえば、あなたが、「時間にルーズな人」が嫌いであれば、「約束の時間は守るべき」というルールを持っている可能性が高いですね。

あるいは、「思いやりのない人」が嫌いであれば、「他人を思いやらなければいけない」というルールがありそうですね。

他にも、「我慢ができない人」が嫌いという裏には「我慢しなければいけない」、「怒る人」が嫌いという裏には「怒ってはいけない」、「自分勝手な人」が嫌いという裏には「他人に合わせなければいけない」というように、嫌いな人というのは、あなたが心の中に持っている「人はこうあらねばならない」というルールを破っている人の可能性が高いのです。

言い換えると、**あなたが自分の中にルールを持っているから、嫌いな人〈ルールを破る人〉が現れるということなのです。**実はこのルールこそが、「呪いの仮面」なのです。

「呪いの仮面」を外す呪文を唱えよう

実は、「呪いの仮面」になっているルールの中には、自分ではなく、親の意思で作られたものがたくさんあります。小さい頃に親に「約束の時間は守りなさい」と言われてそのまま鵜呑みにした、というようなケースが典型です。

そのルールがずっと心の中で生きていて、親元を離れても、さらに親が亡くなっても、それに従い続けてしまっているわけです。

しかし、親から受け継いだルールは、ある時期に整理して、採用すべきルールを自分の意思で選び直すことが大切なのです。


「自分の意思とは何か?」ということを真剣に考え始めると、夜も眠れなくなってしまいますので、ここでは簡単に、「○○したい」「○○でありたい」のように「したい」「ありたい」がつくものが「自分の意思」と考えてください。「したくない」「ありたくない」という否定の形も、自分の意思です。

では、自分の意思ではないものは何かというと、「○○しなければいけない」のように、「いけない」「ならない」「べき」がつくものです。


「約束の時間を守る」を例に挙げて説明します。

「約束の時間を守らなければならない」というのは誰の意思でしょうか? 考えてみると、誰の意思なのか、誰の希望なのかよくわからない言葉です。

親に「早くしなさい」「時間通りに行動しなさい」と言われて育った人にとっては「親」の意思かもしれませんし、「世間」「社会」「神様」の意思のように感じているかもしれません。

先ほど説明した、「自分の意思で採用すべきルールを選択して生きることが大切」という原則からすると、「いけない」「ならない」「べき」がつくルールに従っていると、自分で決めていても誰かに決められている、という感じがします。

そこで、誰の意思かわからないものは、思い切って自分の意思の言葉に替えてしまうのです。今の例でいえば、「私は約束の時間を守りたい」というように。

さらに、この形にした後に「なぜなら……」と続けてみます。「私は約束の時間を守りたい。なぜなら……」と。そして、呪文のように唱えるのです。

「呪いの仮面」を外す呪文❶

『私は＋（ルール）＋したい。なぜなら……』

この後に続く言葉は、「相手の時間を大切にしたいから」「相手に嫌な思いをさせたくないから」「気持ちよくふたりの時間を過ごしたいから」などがくると思います。これは、相手の気持ちを思いやった、愛情の言葉です。

私たちは、親からいろいろなしつけをされて、生きていくためのルールを学びます。「あいさつをしなさい」「お礼を言いなさい」など。そして、そのほとんどは「いけない」「ならない」「べき」の形で心に刻まれています。

しかし、こういったルールのほとんどは、誰かの幸せのために必要なものなのです。ですから、自分の意思として取り込み、愛情の言葉で表現し直すことができるのです。

「私は他人を思いやりたい。なぜなら……（その人の笑顔を見たらうれしいから）」
「私は笑顔でいたい。なぜなら……（相手に気持ちよく過ごしてほしいから）」
「私は自分のことが自分でできる人でありたい。なぜなら……（相手の時間を大切にしたいから）」

こうして愛情に基づいた自分の意思に置き換えることによって、「私は他人を思いやりたい」しかし、「今は疲れていてその余裕がない」（＝自分の心を休めることを優先したい）というように、状況によって自分の意思で別の選択をすることができるようになります。こうなれば、もはや「呪い」ではありません。必要なときに「他人を思いやる」というルールを守ることもできるし、不要なときはやめられるようになっています。

私は一時期、自分の持っているルールを発見する度に、「私は○○したい。なぜなら……」という言い換えをやったことがあります。

その結果、「あ、そうか。親から『押しつけ』られたように感じていたけれど、愛情のある『しつけ』だったんだ」と気づくことができました。それ以降、自分の意思でルールを守ったり、やめたりと、選択できるようになりました。

私たちは、心の中に「他人を思いやらなければいけない」というようなルールを持ったまま、それに気づかずに生きています。このような、「気づいていないけれど、心の中にあるルール」に人間は意外と振り回されてしまうのです。

ですから、しっかり意識化して、「○○したい」という自分の意思の形に直しておくことが大切です。

なお、ルールが「してはいけない」「してはならない」「すべきでない」などの否定形の場合は、「○○したくない」という呪文を使ってください。

「呪いの仮面」を外す呪文❷
『私は＋（ルール）＋したくない。なぜなら……』

それでも「呪いの仮面」が外れない場合は

ここまでは、うまく愛情の言葉に直せる例ばかり挙げてきました。しかし、実際にやってみると、愛情の言葉に直せないものがたくさん出てくることに気づきます。

実は、この気づきがこのワークで一番大事なポイントなのです。

例を挙げて説明します。

「(人は）我慢しなければならない」というルールを持っていることに気づいたとします。これを呪文1に当てはめてみます。

「私は我慢したい。なぜなら……」

さて、なぜ私は我慢したいのでしょう？　そうです。実は、我慢したくないのに我慢していたのです。

もちろん、遊びたいのを我慢して勉強して、資格を取ったら転職ができる（=自分の幸せのため）というのなら「我慢したい」というよりは「一時的に我慢して、もっと大きな幸せを得たい」という意味になるでしょうし、少し我慢しても、恋人が喜んでくれたらそれがうれしいという、愛情のための我慢もあるでしょう。それは、自分や他人の幸せのためにやっていることですからいいのです。

しかし、**無意味な我慢ぐせがついていることも多いのです。**

他にも、「どんなときも言いたいことを言ってはいけない」というルールが染みついていたり、「何が何でも時間を厳守しなければならない」というルールがあったり、「絶対怒ってはいけない」などと信じていたりすることがとても多いのです。

つまり、かぶりたくない仮面をかぶって、しかも外せなくなっているわけです。

このような、強力な「呪いの仮面」を発見した場合、次の「リフレーミング」のワークに取り組んで、まずは半分だけ仮面を外すことに挑戦してみてください。それだけでも、恋愛や人間関係がずっと楽になります。

STEP 4 「呪いの仮面」を半分だけ外す ～リフレーミング～

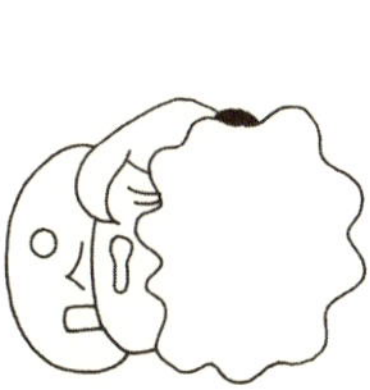

前項の「センタリング」のワークをやってみても、まだ外せない仮面があることがわかった場合、「リフレーミング」という方法で半分だけ外すことができます。「リフレーミング」とは、「考え方の枠を変える」という意味です。

ここでは、仮面をつけなければならない場面を「枠」と考え、その枠を縮小していきます。これをやっておくと、この後のワークもずっと楽になると思います。

呪文を唱えて条件つきで仮面を外そう

ところで、なぜ「呪いの仮面」が外せないのでしょうか。いろいろな理由がありますが、共通しているのは**「昔は生きるために必要だった」**という点です。

たとえば、子どもの頃に親に「我慢しなさい」と言われて、「我慢しなければいけない」というルールを自分の中に作ってしまった場合は、「我慢する人」という仮面が外せなくなっている可能性があります。

子どもの頃には「我慢する」ことが「親に嫌われない」ために必要だったのです。ですから、この仮面を外そうとすると、寂しさや、親に捨てられる恐怖が出てきて、簡単には外せないのです。また、実際に当時は役に立っていたものですから、急に外すのは難しいのです。

そこで、ひと工夫します。その工夫とは、**今まで無条件に守らなければいけなかったルールを条件つきのルールに変えてしまうというものです。**

不都合があるとはいえ、今まで慣れ親しんできた仮面を「否定して」無理に外そうとすると心の抵抗が生じます。

そこで、「こんな人の前では、その仮面を使おうよ」という肯定的な言い方をしながら、実際には「仮面を使う場面を限定する」という心理学的なテクニックを使います。

たとえば、「我慢しなければいけない」というルール、つまり「呪いの仮面」を持っていたとします。

これは、「どんなときでも」我慢しなければいけないというものです。子どものときは、よく考えず鵜呑みにしてしまうので、このように極端なルールになっています。

そこで、このように書き換えてしまうのです。「我慢しなければいけない、と思っている人の前では我慢しなければいけない」と。つまり、以下のような呪文に当てはめて唱えてみます。

「呪いの仮面」を外す呪文❸

『(ルール)+と思っている人の前では+(ルール)』

親も同じ「呪いの仮面」を持っている

実は、「呪いの仮面」を持っている人は、親も同じ仮面を持っていることが多いのです。家族の中で子どもは、親と同じルールを守らなければ生きていけません。

しかし、世の中のすべての人がそのルールを守っているわけではありません。ですから、そのルールを守っている人の前でだけ、その仮面をつければよいのです。

他にも、「時間は守るべき、と思っている人の前では時間は守るべき」とか、「甘えてはいけない、と思っている人の前では甘えてはいけない」というように、あなたが今まで無意識に守ってきた無条件のルールに「○○と思っている人の前では」という条件をつけて呪文を作り、声に出して唱えてみましょう。

恋愛カウンセリングの現場でも、このワークをよく使うのですが、すでに仮面を外す準備がほぼできている状態の人だと、呪文をたった一度口にしただけで一気に変化が訪れることもあります。

「あ、がんばらなければいけないと思っている人って、母です！　ずっとがんばらなければいけないって私も思い続けてきました！　職場で、楽しそうにしている人を見るといつも『イライラ』してたんですけど、今わかりました！　私が『がんばらなければいけない』って思っているから楽しそうにしている人に腹が立つんですね！」

というように。

また、こう言われたこともあります。

「このワーク、何だか後ろを向いてベロを出しているみたいでおもしろいですね！」

そうなんです。ずっと親のルールに縛られている状態から、「親の見てる前だけそのルールを守ればいいや」と思える状態に変化すると、すごく心が軽くなります。このワークをすると、笑いが出てくることが多いです。

ここまで一気には気づきが訪れないこともありますが、瞬間的に変化しない場合は、根気よく何度も唱えてみてください。

仮面を外すためのもう一つの条件

ただし、呪文3『(ルール)＋と思っている人の前では＋(ルール)』がしっくりこないケースもあります。

たとえば、「言いたいことを言ってはいけない」というルールを呪文3に当てはめてみると、「言いたいことを言ってはいけない、と思っている人の前では言いたいことを言ってはいけない」となります。

しかし、このルールを持つ人は、たとえば母親が一方的に言いたいことばかり言っていて、自分は言いたいことが言えなかった、という家庭環境だった場合が多いのです。

つまり、「言いたいことを言っている人の前なのに、自分は言いたいことが言えない」という状況があったわけです。

このような背景がある場合は、次の呪文を使ってください。

「呪いの仮面」を外す呪文❹
『いっぱいいっぱいな人の前では＋（ルール）』

つまり、「言いたいことを言ってはいけない」という例でいえば、「いっぱいいっぱいな人の前では、言いたいことを言ってはいけない」

作ってみると、「なるほどな！」と思いませんか？　自分の主張ばかりしていた、あの母親は「いっぱいいっぱい」だったのか、と。

そして、その「いっぱいいっぱいな人」と、あなたの貴重な人生の時間を使って一緒にいたいかどうかは、あなた自身が決めればよいことです。

さらに強力な「呪いの仮面」への対処法

もしかすると、ここまでのワークでは外せない、さらに強力な「呪いの仮面」があることに気づくかもしれません。そのような強力な「呪い」を解くためには、心の中に抱え込んだネガティブな感情を外に出して浄化させる必要があります。

また、恋愛カウンセリングの現場で気づきが訪れた人の中には、家に帰った後に「今までずっと言いなりになってきた母親に対して、猛烈に腹が立ってきました！」という報告をくれた人がたくさんいます。

これは、今まで不満・怒りを抑え込んでいたフタがようやく開いたということです。

この場合、しっかりと感じきって癒すことが大切です。
このように、仮面が外れて今までフタをしてきた感情があふれてきた場合にも、まだ外せない仮面があると気づいた場合にも、この後に続く「フォーカシング」と「インナーチャイルドヒーリング」のワークが役立ちます。しっかり取り組んでみてください。

「呪いの仮面」を外す呪文

仮面を見つけるワークで発見した「シャドウ」をヒントにして、自分の中にあるルールを「いけない」「ならない」「べき」がつく言葉で書き出したら、以下の呪文に上から順に当てはめて唱えてみましょう。そして、しっくりくるものを選び、何度も唱えてみてください。

呪文1
『私は＋(ルール)＋したい。なぜなら……』

呪文2
『私は＋（ルール）＋したくない。なぜなら……』

呪文3
『(ルール）＋と思っている人の前では＋(ルール)』

呪文4
『いっぱいいっぱいな人の前では＋(ルール)』

補足セラピー

「ポジティブなシャドウ」の取り扱い方

「自分シート」の「こんな人でありたい」の欄と、「相手シート」の「こんな人が好き」の欄にある●のついた項目は、「本当はなりたいけれど、まだなれない自分の姿」です。これは「憧れ」「劣等感の裏返し」であり、「ポジティブなシャドウ」といえます。

こちらの「シャドウ」は「呪いの仮面」の下にあるものとは正反対で、強く心惹かれる「幻想」です。そして「ネガティブなシャドウ」と同様、振り回されてしまいます。

しかし、「幻想」である憧れの自分に少しでも近づくことができれば、「ポジティブなシャドウ」の影響力は小さくなります。つまり、落ち着いて恋愛ができるようになるのです。

ですので、「ポジティブなシャドウ」が多い（目安として項目数の四分の一以上）場合は、ぜひ次のワークに取り組んでみてください。

相手シートに「●落ち着いていて動じない人（が好き）」がある場合、つまり、すぐ動じてしまう自分に劣等感を持っていて、動じない人に憧れているケースを例にとって説明しましょう。

1．今の自分を自己採点する。

「落ち着いて動じない人になれた状態を一〇〇点、まったくダメな状態を〇点として、今の私は何点かな？」……たとえば「四〇点」。

2．加点法で、すでに得ているものを確認する。

「何があるから四〇点なのかな？」……たとえば「感情的になることもあるけれど、仕事をしているときとか、彼と順調なときは落ち着いていられるから、四〇点かな」。

私たちは、すでに自分が持っているもの、得ているものをちゃんと評価したり味わったりすることを忘れがちなので、改めて確認することはとても大切です。

3. あと五点上がったらどうなっているかを想像する。

「四五点になったらどうなっているかな？」……たとえば「彼からの電話が来ない日にも、自分で楽しいことを見つけて過ごせるようになっているかな」。

急に一〇〇点までジャンプしようとすると、どうしても失敗が増え、「やっぱりできなかった。私はダメなんだ」という思いにとらわれやすくなります。一方、現状から五点上げることだけに集中すれば、「小さなことだけど、やってみたらできた」という小さな成功体験が重なり、心の勝ちぐせがつきます。

4. 五点上がったときの行動を一生懸命やる。

「あ、そうだ。今までやりたいと思っていたネイルアートの勉強をしよう！　早速、本と道具を買ってこようかな」というように3で考えたことを実際に行動に移しましょう。漠然と未来を想像するのではなく、具体的な行動に集中することで、頭がフル回転し、物事がうまくいくようになるのです。うまくいったら3に戻り、さらに五点アップしたときを想像して次の行動を起こしましょう。

加点法、つまりプラス思考で行うものなので、楽しみながら自分を育てることができる、というのがこのワークのポイントです。

最後にひと言。自分にないものを相手に求める気持ちは誰にでもあるものなので、●を全部なくそうとしなくても大丈夫です(ここでも一〇〇点を求めないこと!)。

私もそうしていますが、なかなか消えない●は、パートナーに補ってもらえばよいのです。くれぐれも無理はせず、楽しんで自分を育ててくださいね!

STEP 5

「呪いの仮面」の奥にある感情を浄化する
～フォーカシング～

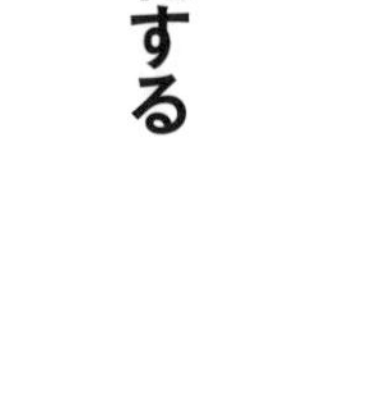

「フォーカシング」とは、自分の感情を「体の感覚」として感じていく心理療法の技法です。

「呪いの仮面」を外すためには、「負の感情」を抑え込んでいるフタを取り、出てきた感情を浄化する必要があります。フタを取るためにも、感情を浄化するためにも、この方法は役立ちます。

私たちは日々、うれしいときに胸が躍る感じがしたり、緊張したときに喉が締めつけられるような感じがしたり、責任を感じたときに肩に荷物が載っているような感じがしたりなど、感情を体の感覚として感じています。

「フォーカシング」はこれらの感覚を積極的に利用して、かすかな感情を敏感に感じ取ったり、逆に激しい感情の整理をつけて浄化する方法です。

たとえば、彼から心ないひと言を言われて、とても嫌な思いをしたとしましょう。しかし、ここで相手に怒りをぶつけたり、不機嫌な態度をとっても、事態は改善しません。とはいえ、我慢して感情を飲み込んでも解決になりません。

その場では我慢するにしても、どこかでちゃんと自分の感情のケアをする必要があります。そんなときこそ「フォーカシング」が役立ちます。

また、子ども時代に抑え込んだ感情は、イライラしたり、寂しさを感じたときに根っこに潜んでいるものですから、日常の感情のケアをすると、同時にその頃の感情も浄化することができます。

①　感情が体のどこにあるかを感じてみる

まず、「この気持ちは、体のどこにあるかな？」と、今わいてきている感情が体のどこにあるのかを自問します。そして、「胸のあたりがムカムカする」というように、自分の感情を「体の感覚」として感じてみます。

「フォーカシング」では、意識的に感情との距離を保つことが大切です。感情の波に飲まれてしまっても、感情を否定して抑え込んでしまっても、感情の整理を進めることができません。「体の一部に感情がある」と意識することで、適切な距離を保つことができます（図2参照）。

感情が体のどこにあるかわかりにくい場合は、喉・胸・胃・下腹・肩の

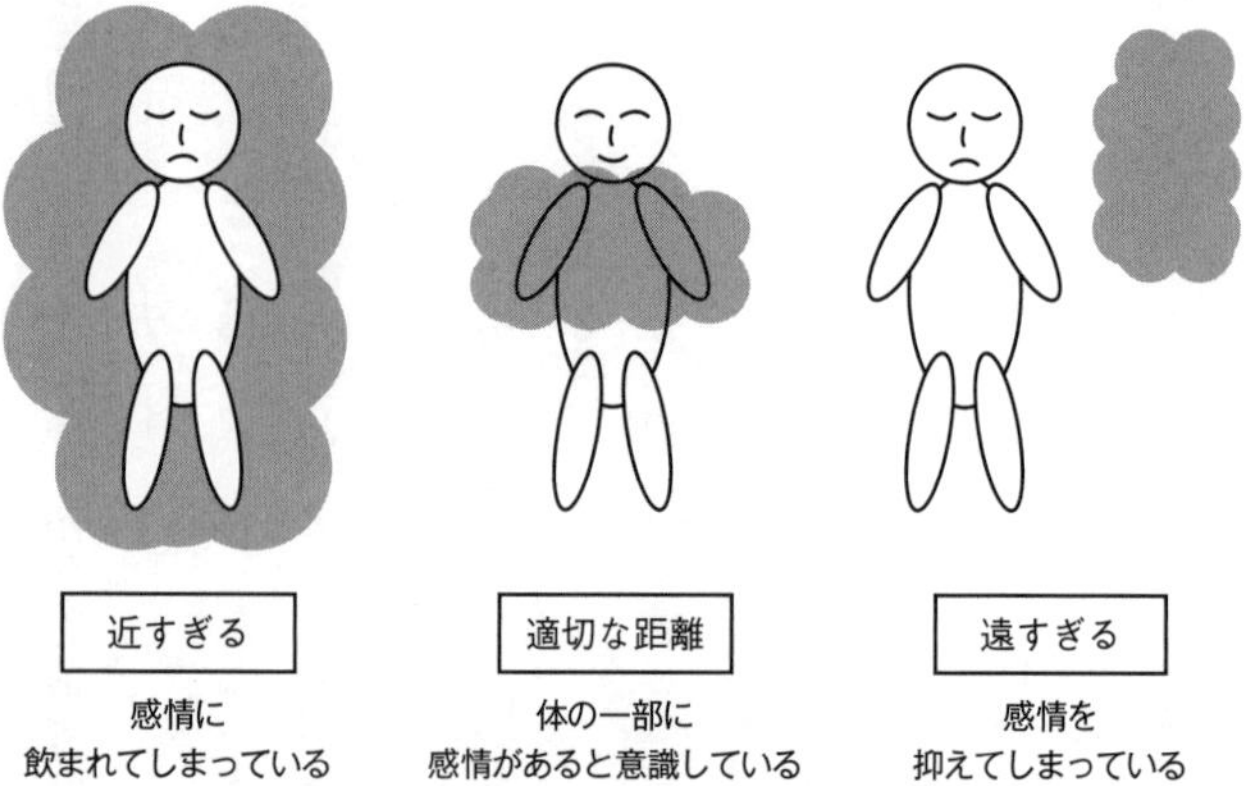

［図2］フォーカシングにおける感情との距離のとり方
参考文献：『やさしいフォーカシング　―自分でできるこころの処方』
アン・ワイザー・コーネル／著（コスモス・ライブラリー）

どこかにある場合がほとんどですから、「喉かな？」「胸かな？」「胃かな？」「下腹かな？」「肩かな？」と自分の体に順番に聞いていきます。

もしここで「頭にある」感じがするとしたら、感情を感じているのではなく、感情を感じないようにぐるぐると思考して、頭を忙しくしているのかもしれません。

そのまま進めてみても構いませんが、より上手にワークを進めるためには、「心のスペースを作る」（１６４ページ）ワークを再度行ってみることをおすすめします。

② 体の感覚に寄り添う

次に、その「体の感覚」にあいさつをしてください。

「こんにちは。私はあなたが、ここ（手を当てる）にいることを知っていますよ」

そして、しばらくその感覚に寄り添ってください。あなたが日頃見ないふりをしたり、嫌っている感情は、子どものようにすねていますから、寄り添って仲直りすることが対話するために必要なのです。省略したり、短縮したりせずに、しっかり行ってください。

そして、できればその感覚がどんな感じなのか、言葉で表現してみてください。「ムカムカする感じ」「熱い感じ」のような「感じ」が出てくるかもしれませんし、「青紫色のドロドロした感じ」「黒い重たい固まり」「赤いトゲトゲしたもの」のように色や形もあるように感じられるかもしれません。あなたの感性を大切にして、感じるままに表現してみてください。

その体の感覚に、確認してみるとよりよいでしょう。「『ムカムカする感じ』でぴったりかな？」というように。

違っていたらぴったりくるまで何度でもやり直してOKです。ぴったりした表現が見つかったらまた、その感じとしばらく寄り添います。

ここまでやるだけでも、ずいぶん楽になります。日々の心のケアとしてやってみてください。

③体の感覚と対話する

さて、さらに続きもあります。心のケアをもう少し進めたい場合はやってみてください。わいてくる感情が怒りや悲しみの場合は、体の感覚に向かってこうたずねます。

「何があなたをそんなに怒らせている（悲しませている）の？」

この質問は、要するに「なぜ怒っている（悲しんでいる）か」を聞いているのですが、「なぜ」「どうして」という聞き方をすると、責められているように感じてしまって理由が出てこなくなることがあるので、「なぜ」「どうして」は避け、「何が」と聞いています。「なぜ」「どうして」の方が自然に感じるなら、そう聞いても構いません。

そして、しばらく答えを待ちます。

答えは必ずしも声で聞こえるとは限りません。テレパシーのようなものや、映像が見える場合もあります。

答えがたとえば、「彼にわかってもらえないから」と返ってきたら、返ってきた言葉をそのまま体の感覚に伝え返してみましょう。「彼にわかってもらえないから、怒っているんだね」というように。

こうして、自分の体の感覚と対話していくうちに、彼が気持ちをわかってくれないと嘆いていたけれど、実は自分の気持ちをわかっていないのは自分自身だった、と気づくかもしれません。そうしたら、その体の感覚に向かって、「今までちゃんとわかってあげられなくてごめんね」と伝えましょう。

さらに、体の感覚にこう聞いてみることも役に立ちます。

「あなたはどうして私の中にいてくれているの?」

今まで嫌なものだと思っていた寂しさや不安などの感情が、「これ以上ひとりぼっちだと心が壊れてしまうから。あなたを守りたい」などと泣けるコメントを返してくれることもあります。実際に自分の体の感覚と対話して、ぜひそれを体験してみてください。

そして、最後に体の感覚に感謝の気持ちを伝えます。「今日は協力してくれてありがとう」「今日は会ってくれてありがとう」または単に「ありがとう」でも構いません。

そして、また会う必要がありそうだと思ったら「また会おうね」と言ってお別れしましょう。

こうして、過去の体験の中で抑圧した感情を癒すことができると、今まで過剰反応していた他人のひと言や行動に対して、心が穏やかでいられるようになったことに気づくかもしれません。また、さまざまな感情を上手に受け流すことができるようになります。

さらに本格的にフォーカシングを学びたい方には、アン・ワイザー・コーネル著『やさしいフォーカシング―自分でできるこころの処方』（コスモス・ライブラリー）をおすすめします。フォーカシングのやり方や、陥りやすいトラブルとその対処法などがわかりやすく解説されています。心のセルフケア目的でも、心理療法家が自分の技法の幅を広げる目的でも使える良書です。

タイプ別アドバイス

あなたが感情的になりやすく、その感情をついつい相手にぶつけてしまうことが多い『依存タイプ』だとしたら、「フォーカシング」で自分の感情を自分で整理する技術を学ぶと楽になります。

自分の感情は自分の責任。これが、恋愛が長続きするための原則です。我慢してため込むのではなく、きちんと感じきること。感情は感じきると浄化され、それ以上出てこなくなるのです。常にこの状態を維持するように努力しましょう。

そして、感情を自分で浄化できるという自信がついてくれば、もはや「かわいそうな人」の仮面をつけている必要はなくなり、あなたの恋愛は進歩、発展していきます。

あなたが自分の感情を我慢して飲み込みやすい『自己犠牲タイプ』だとしたら、自分で抱えている感情を実感できなくなっているかもしれません。

その場合も、体の感覚は正直に本当の気持ちを伝えてくれます。「フォーカシング」

で体の声を聞いてみることで、フタをしていた感情を再び感じることができるようになります。

このタイプのあなたは、「フォーカシング」で感情を開いた上で、次項で解説する「インナーチャイルドヒーリング」にしっかり取り組むと、仮面を外す上でより効果的でしょう。

『自立タイプ』のあなたの場合も、自分で抱えている感情がわかりにくくなっている可能性があります。まずは、「フォーカシング」で自分の感情のフタを取ることを目標に取り組んでみるとよいと思います。しっかり体の声を聞いてみてください。

そして、感情の整理がある程度進んでから、これまで取り組んできた「センタリング」や「リフレーミング」のワークに戻ってみると、外せなかった仮面の呪いも解けるようになることがあります。

STEP 6

「呪い」を解く
～インナーチャイルドヒーリング～

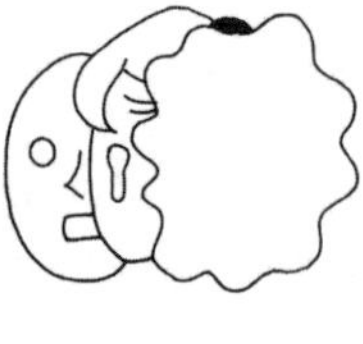

「インナーチャイルドヒーリング」は、子どもの頃の自分をイメージして、自分自身に禁止してきた感情表現を許可し、未完了の感情を表現できるようにすること、つまり「呪い」を解くワークです。普通、催眠療法のセラピストが誘導するものですが、これを自分でできるように工夫しました。

このワークは特に、自分の感情を抑え込んでしまう『自己犠牲タイプ』の方にぴったりですが、すべてのタイプの人が、どこかで自分を犠牲にしているものなので、それぞれのタイプに応じて取り組んでみてください。

まず、椅子や座布団を二つ置きます。椅子の場合、向かい合わせにします。そして、片方にあなたが座ります。リラックスしてゆっくりと深呼吸しましょう。

ヒーリングミュージックなど、リラックスできる音楽をかけるのも効果的です。気持ちが落ち着いたら始めてください。

子どものときのあなたに話しかける

向かい側の、空の椅子や座布団の上に、子どものときのあなたが座っているとイメージしてみてください。そして、次の言葉を順番に声に出して、イメージした子どものあなたにゆっくり語りかけてあげてください。

通常であれば、子ども時代に親から言ってもらったり、態度から伝わってきて身についていることです。そして、幸せな恋愛をしている人は、当たり前だと思っているようなことです。しかし、親からそれが伝わらなくて身についていない場合は、自分で自分に教えてあげる必要があります。

親から言ってもらえなかった言葉、足りなかった言葉、気持ちがぐっと動いた言葉があったら、チェックしておきましょう。その言葉はあなたに今必要な言葉です。

・楽しいときは、思いきり笑っていいんだよ。
・うれしいときは、心から喜んでいいんだよ。
・嫌なときは、「嫌だ」って言っていいんだよ。
・寂しいときは、一緒にいてくれる人を求めていいんだよ。
・つらいときは、助けを求めていいんだよ。
・やりたいことを、最後までやっていいんだよ。
・自分の気持ちを大切にしていいんだよ。
・何でもひとりでがんばらなくていいんだよ。
・つらいときは、泣いてもいいんだよ。
・○○ちゃん（自分の呼び名）は、○○ちゃんのままでいいんだよ。
・そのままの○○ちゃんが大好きだよ。
・元気なときの○○ちゃんも、元気のない○○ちゃんも、どっちも大好きだよ。
・よい子の○○ちゃんも、悪い子の○○ちゃんも、どっちも大好きだよ。
・○○ちゃんは、悪くないんだよ。
・よくがんばったね。エライね。

・○○ちゃんは、優しい子だね。
・あなたががんばってくれたから、今の私がいる。ありがとう。
・○○ちゃん、生まれてきてくれて、ありがとう。
・○○ちゃん、カワイイね。
（など、他に言ってあげたい言葉があったら言ってあげてください）

チェックした言葉を、もう一度子どものあなたに言ってあげてください。
そして、向かい側の椅子に移り、子どものあなたになったとイメージしてみます。
そして、元の椅子に座っている大人のあなたから、先ほどチェックした言葉を言ってもらったとイメージし、その言葉を聞きます。

これは、インナーチャイルドのワークと、ゲシュタルト療法を組み合わせたワークです。カウンセリングでもときどき使っています。

自分を大切にすると他人も大切にできる

このワークをやってみて気づいたかもしれませんが、人は自分が言われたことのない優しい言葉を、心をこめて他人に言うことはできないのです。本心が伴わないまま相手に言ったとしても伝わりません。ですから、まず自分に優しい言葉をかけてあげてください。

すると、大切な彼に「よくがんばっているね」「一緒にいてくれてありがとう」などの言葉が心から言えるようになります。人は、自分自身を大切にしていると、他人も同じように大切にできるものなのです。

我慢してきた思いがあふれてきたときは

ただし、このようなワークをすると、一時的に今まで無理して我慢してきた感情があふれ出てくることがあるかもしれません。今まで我慢できたことが我慢できなくなって、自分がわがままになったように感じるかもしれません。

そんなときのために、次のことを知っておいてください。

まず、**我慢は解決ではないということ。**問題を一時棚上げしているだけです。棚上げできるのも一つの能力ですし、短期的には必要ですが、絶対に長続きしません。

そして、**我慢して抑え込んだ感情は、しっかり感じきれば終わるということ。**出しきってしまえば楽になるのです。

このワークで感情を出すことができるようになって、ネガティブな感情がどんどん出てくるようになったら、前項でご紹介した「フォーカシング」を実践してみましょう。

また、あなたが今一緒にいる人は、あなたに我慢を強要する人ではありませんか？

その場合は、その人とこれからもずっと一緒にいたいかどうかをよく考えてみる必要があります。今までは、「別れた後の寂しさが怖いから一緒にいた」ということなら、別れた後の寂しさや悲しみを「フォーカシング」で感じきって浄化できるようになれば、新たな一歩を踏み出せるかもしれません。

感情の新しい操縦法を身につけたあなたは、もう「呪いの仮面」で身を守る必要がなくなっているはずです。そうなれば、新しい恋愛の可能性が待っているのです。

タイプ別アドバイス

あなたが『依存タイプ』の場合、優しい言葉をかけてもらった経験が不足しているのかもしれません。大人のあなたがひと通り言葉をかけ終わった後、椅子を移って子どもの自分になって言葉を受け取る部分をしっかりとやってみてください。

また、恋愛では『依存タイプ』でも、仕事など、恋愛以外の場面では『自己犠牲タイプ』かもしれません。すると、日頃我慢している分だけ恋人に依存する形になってしまいます。その場合、『自己犠牲タイプ』へのアドバイスも読んで、恋愛以外の場面でやっている自己犠牲をやめてみると、楽になります。

あなたが『自己犠牲タイプ』の場合、ありのまま気持ちを表現する許可を、自分に出してあげる必要があります。確かに、『依存タイプ』のように他人に感情をぶつけるのはよい習慣ではありませんが、そのかわりに自分が我慢して、つらい感情を飲み込んでしまうと、今度は自分をいじめることになります。

すべての言葉を、心をこめて言ってみてください。そして、自分が禁止してきた（＝呪いがかかっていた）部分は、言葉をかけているときに感情が動きます。その言葉を、何度も何度も繰り返して言ってみましょう。

また、自分の気持ちを表現したら他人に迷惑をかけてしまうという怖れが強い場合は、「フォーカシング」をしっかり身につけて、他人に迷惑をかけずに自分の気持ちを大切にできることを実感しておくことも役立ちます。

すると、ありのままの気持ちを感じてよいという許可を自分に出しやすくなり、仮面を外しやすくなります。そして、心からの笑顔で生きられるようになります。

あなたが『自立タイプ』の場合、特に「人に頼れない」ことが課題になっているのではないでしょうか。「つらいときは、助けを求めていいんだよ」という言葉を中心に、心をこめてワークを行ってみてください。

また、人に頼れない、迷惑をかけられないと感じてしまう心の底には、自分でもなかなか気づけない「罪悪感」が潜んでいる場合があります。「○○ちゃんは、悪くないんだよ」の部分もしっかり言葉がけしてみてください。

終章

仮面を外すのが怖いというあなたへ

自転車のカゴの法則

自転車のカゴの法則を知っていますか？

何台か並んで停めてある自転車のうち、一台のカゴに一個だけゴミを入れておくのです。すると、他の自転車のカゴはそのままなのに、ゴミが入っていた自転車だけカゴいっぱいにゴミが入ってしまうのだそうです。

実は人間関係においても、これと似た法則が成り立っています。


人間関係においては、みんなから嫌われたり、悪口を言われたり、大切にしてもらえないことが「みんなが私というカゴにゴミを捨てる」ことですよね。恋愛においては、彼から大切にしてもらえないことでしょう。

では、人間関係において、最初のゴミは誰が捨てたものでしょう？　少し考えてみてください。

……はい、自分自身です。**「自己嫌悪」という名のゴミを自分で自分に対して捨てたんです。**つまり、自分を嫌っていたり、自分のことを大切にしていない人は、他人からも粗末に扱われることが多いのです。

自分自身に対して「幸せに生きていいよ」「毎日よくがんばっているね。ありがとう」「大好きだよ」「今日はちょっと無理させちゃったね。ごめんね」などと優しい言葉をかけてあげてください。

自転車のカゴに入っている最初のゴミは、自分で自分を嫌っている気持ちだということに気づいてください。

確かに、親に叱られ、「私なんてだめだ」と思ってしまったことから自己嫌悪が始まることも多いのですが、大人になったあなたには、親との関係を心の中で整理し、自分で自分にゴミを捨てるクセを直す力があります。

そこに気づいて、自分を大切にしようと決めることが、自分という自転車のカゴをキレイに保つ一番の秘訣なのです。

そして、キレイに保たれたカゴにゴミを捨てる人は、確実に少なくなります。

恋愛上手は転び上手

スキーを習うときに、はじめに教わることは何だか知っていますか？　それは転び方です。なぜかというと、転ぶに決まっているからです。

転ぶことを怖れていては、スキーは上達しません。むしろ怪我しないように転び、上手に起き上がることが大切なのです。

恋愛も同じです。恋愛において「転ぶ」とは「傷つく」と置き換えていいでしょう。私たちは恋愛において「傷つく」ことを怖れた行動をしてしまいがちです。

本当に好きな相手を選ぶ代わりに、自分が支配できそうだったり、自分の元を去っていかなそうな相手を選んでしまったりすることもあるでしょう。本当は言いたいことがあるのに、相手が不機嫌になりそうだから我慢して本音を飲み込んでしまったりすることもあります。

また、結婚生活では、自分や相手の仕事をどうしたいのか、子どもはいつほしいのか、何人ほしいのかなど、人生に大きな影響を与えることを話し合う必要があります。

そのときに言いたいことが言えなかったり、相手の言いなりになっていると、幸せに生きることは難しいですね。

幸せに生きるためには、もちろん相手を思いやり、相手の幸せを願って行動することが一番大切ですが、**その前提として、相手の言動で傷つかないように、心をしっかり保てる力が必要です。**多少問題が起きても（転んでも）、大事に至らないように対処し（怪我せずに）、解決できる（起き上がれる）ことが大切なのです。

傷つかないことを優先していると、本当の幸せを手に入れることができません。ちょうどスキーで転ばないことを優先していると、思い切った滑りができないのと同じことです。

転んでもすぐ起き上がれる力は、恋愛の基礎体力のようなものです。もしもあなたが、転ばない（傷つかない）ことを一番優先しているのなら、少し考え方を変えてみてください。

転び上手になったあなたは、きっと幸せに向かって滑り出しているはずですよ。

マイナスを上手に浄化してこそプラスになれる

マイナス思考は、恋愛に限らず人生全体を暗くし、悪い影響を及ぼします。確かに、何事もマイナスに考える人には近づきたくないと思いますよね。マイナス思考は人を遠ざけ、仕事も恋愛も難しくしてしまいます。

ところが、プラス思考はすべてOKかというと、そうともいえません。マイナス思考を否定するあまり、極端なプラス思考になっている人にも同様の問題があるのです。

人は、うれしい、楽しい、心地よいなどのポジティブな感情と、怒り、寂しさ、不安、悲しみなどのネガティブな感情の両方を持っています。どちらか一方だけで生きようとするのは無理があるのです。

極端なプラス思考というのは、ネガティブなものを一切排除しようとすることです。

怒りが出そうになると瞬間的に抑え込む。寂しさなんて感じていないと、無理に自分を説得する。こうして、物事の明るい面だけを見ようとするのが「極端なプラス思考」です。

物事の明るい面を見るように努力するのは確かに大事なことです。暗い面ばかり見ていては、気が滅入ってしまいます。

ただし、彼との関係が悪化しているのに見ないふりをしたり、苦しいのに苦しくないことにしてしまうのは「否認」といって、問題にフタをする心の悪いクセです。

一見プラス思考に見えますが、嫌なこと、嫌な感情にフタをするのは、ニセモノのプラス思考です。マイナスから目を背けているだけです。

私が大切にしているのは、**プラスに目を向ける努力＋マイナスを浄化する力**。嫌な感情はなるべく短時間で感じきって、後はよい感情を感じる時間にするというものです。

部屋でひとりでいるときに叫んでもいいでしょうし、ひどい言葉を「出さない手紙」に綴ってもいいと思います。

5章で紹介している「フォーカシング」を活用するのもよい方法です。お金に余裕があればカウンセラーに話を聞いてもらいながら涙を流すのも、感情の浄化に役立ちます。

とにかく、ネガティブな感情は早く出しきって、その後は物事の明るい面を見るように努力してみてください。

きっと、プラスの面だけに目を向けようとするより、うまくいきますよ。

自分のよさを受け入れよう

「他人のことはよく見えるが、自分のことはよく見えない」

この言葉は、自分の欠点が見えにくいという意味でよく使われますが、**実は欠点以上に見えにくいのが自分の長所です。**また、気づいていてもちゃんと受け入れていない人も多いようです。

あなたは、「○○なところ（長所）が素敵ですね」などとほめられたときに、にっこり笑って「ありがとう」と受け入れているでしょうか。「いえいえいえいえ……。そんなことありません」なんて謙遜を通り越した否定をしていないでしょうか。

私は、恋愛を上手にする基礎になるのが、自分の長所を知り、それを心から感謝して受け入れることだと思っています。

「出る杭は打たれる」「天狗になるな」など、長所を受け入れにくい考え方もまだ根強いようです。しかし、あなたが持って生まれた長所を受け入れ、伸ばすことは、幸せな恋愛を営む上で、本当に大切なことなのです。

杭が出ても打たれない秘訣があります。それは、わかち合うことです。あなたの長所を伸ばし、自分のためにも、他人のためにも使うこと。独り占めしないこと。これで、まわりの人も、あなたを応援してくれます。

天狗にならない秘訣もあります。それは、自分の長所は、神様から預かっているものだと思うことです。磨いて伸ばして、最終的に死を迎えるときに、借りたときよりずっと立派にして返せたら素敵ですね。

こうして自分の長所を心から受け入れると、他人の短所が気にならなくなります。「あの人がダメなんじゃなくて、自分が能力を預かっているんだ」と思えば腹も立たず、むしろ助けてあげようという気になるのです。

多くの人から賞賛されるところだけが長所ではありません。我慢強かったり、他人の気持ちがよくわかったり、人の話をじっくり聞けたり、そんな地味な部分も立派な長所です。また、若い頃苦手だったことでも、人一倍がんばったら得意になることもあります。

あなたが自分のよさを心から受け入れ、幸せな恋愛ができることを心から祈っています。

つらいことも一緒に経験できるのが本当のパートナー

きっと人生には、楽しいことばかりではなく、つらいことや苦しいこともあるでしょう。楽しいこと、うれしいことだけではなく、つらいこと、苦しいことを一緒に経験できる相手が本当によいパートナーです。

私たちがつらいと感じるとき、つらい出来事やつらい状況そのものよりも、自分だけが悩みの中に閉じこめられているような孤立感を、よりつらく感じるものです。

実際、悩みや問題を抱えていても、同じ悩みを持ち、解決しようという同志で集まると、急に楽になることがあります。悩んでいるのは自分ひとりではないと感じられるからです。

心理学セミナーでも、同じ班の中に似た悩みの人がたまたま集まり、気持ちが通じ合って意気投合することがあります。

恋人や夫婦は、とても近い関係です。親との関係を除けば、最も親密な関係といえます。その関係の中でお互いの悩みをわかち合うことができれば、最高の安心感を得られます。

楽しいことを一緒に経験できて、運悪くつらい出来事が起きてしまっても、気持ちをわかち合って自分はひとりではないと感じられる。

そんな素敵な関係ができたら、生きる力、仕事などで挑戦する勇気、今日はつらくてもまたいい日があると信じられる希望がわいてくると思いませんか？

まずはあなたが、あなたの大切な人に「私はここにいるよ。あなたはひとりじゃないよ」という気持ちを向けてあげようと決めることから始めましょう。

あなたが思いやりの気持ちを持って他人に接し、楽しいことだけでなく、つらい出来事も認めて受け入れるようになると、あなた自身に深みと温かさが出てきます。楽しいことだけ、輝いていることだけを求めている人は、どこか浅く表面的な感じがするのです。

人間関係は合わせ鏡。あなたがつらい出来事も認めて受け入れる心を持ち、つらいことも一緒に経験できるのが本当のパートナーだという考えを心から受け入れたとき、あなたにふさわしい深みと温かさを持ったパートナーが現れるはずです。

おわりに

　ここまで読んでくださったあなたに、心から拍手を送りたいと思います。幸せな恋愛を手に入れるために努力している姿、本当に素敵だと思います。

　自分が変化する瞬間というのは、登山をしていて見晴らしのよい頂上に着いたときのようです。一気に視界が開けます。本書を通じて、あなたの恋愛の視界が開けたら、最高にうれしく思います。


　思えば、私にとって恋愛は苦手科目でした。失敗をしながらも、あきらめず、ずっと努力を重ねてきました。それが今では、恋愛を教える立場になっているわけですから、人生はおもしろいものです。

　若い頃苦手だったことの中に、三〇歳を過ぎた頃から得意分野に変わってゆくものがあります。今では、私は恋愛が苦手だったのではなく、単に遅咲きだったのだと思うようになりました。遅咲きだっていいじゃありませんか。人間は何歳からでも変化できるし、何歳からでも幸せになれます。

今経験していることのうち何が幸いするかわかりません。ですから、私は、まず試しに一歩踏み出してみて、それから様子を見て考えることを大切にしています。

実は、私が恋愛セラピストになった大きなきっかけは、化学系の研究者をやめ、英語の先生になろうと、インターネットで英語の情報を発信し始めたことでした。

結局英語に関する情報はすでにありふれていて人気が出ず、思いつきで始めた「男女関係の心理」が人気を呼ぶことになったのです。

当時、離婚をして悩んでいた私が発信する「男女関係の心理」に、みんなが耳を傾けてくれるなんて本当に意外でした。こんなに恋愛に関して鈍くさい人の話を聞いてどうするんだろう、なんて思っていました。

でも、今はわかります。鈍くさくても、あきらめずに努力している、ありのままの自分の姿を見せていたからこそ、読者の心に響いたのです。

恋愛で悩み、離婚して苦しむことがなければ、私が今の仕事をすることもなかったと思います。苦しいこともきっと、大切なメッセージなのだと、今では考えることができるようになりました。

悩むこと、大いに結構じゃありませんか。人は悩まないと真剣に自分の人生について考えないものですから。そこから自分なりの答えをつかみ取ればよいのだと思います。

私も、恋愛、結婚生活で悩むことがなければ、心理療法と出会うこともなかったですし、こんなに深く恋愛心理について学ぶこともなかったでしょう。こんなに興味深い分野を知らずに過ごす人生なんて、今では想像もできません。

とにかく、何か一歩踏み出してみる。そしてまたまわりを見回して、次の一歩を踏み出してみる。こうしていくうちに、視界が開けてくるのだと思います。

今、悩みの中にいると感じているあなたも、今よりもっと幸せになろうと思って本書を手に取ってくださったあなたも、まず試しに小さな一歩を踏み出してみてください。そして、結果を見てまた考えればよいのです。

気づいたときには、はじめは想像もしていなかったところまでたどり着いているものです。そんな意外性を楽しみながら、人生という旅を歩いていってください。

本書があなたにとって、素敵な未来に向けた大切な一歩になったとしたら、私にとって最高の喜びです。

未来の恋愛上手のあなたへ

恋愛セラピスト　阿妻靖史《あづまやすし》

[参考文献]

『だからあなたは今でもひとり』
ジョン・グレイ 著(小学館)

『いいことが次から次へと集まってくる 幸せの流れにのる方法』
矢野惣一 著(徳間書店)

『やさしいフォーカシング ― 自分でできるこころの処方』
アン・ワイザー・コーネル 著(コスモス・ライブラリー)

『30日間で理想のパートナーを見つける法』
チャック・スペザーノ 著(VOICE)

『アダルト・チルドレン 癒しのワークブック ― 本当の自分を取りもどす16の方法』
西尾和美 著(学陽書房)

『「原因」と「結果」の法則』
ジェームズ・アレン 著(サンマーク出版)

『運命の法則 ―「好運の女神」と付き合うための15章』
天外伺朗 著(飛鳥新社)

『トランスパーソナル心理学入門 ― 人生のメッセージを聴く』
諸富祥彦 著(講談社現代新書)

『実践・"受容的な"ゲシュタルト・セラピー』
岡田法悦 著(ナカニシヤ出版)

本書は、『あなたの恋愛がうまくいかない本当の理由
～傷ついた心を癒す恋愛セラピー～』
（２００８年12月／マイナビ刊）を
文庫化したものです。

阿妻靖史（あづま やすし）

1972年生まれ。東京大学卒。工学博士。化学系の研究職を退職し、現在は恋愛セラピスト・男女問題解決コンサルタント。米国NLP協会TM認定NLPマスタープラクティショナー。交流分析士。

自分自身の離婚をきっかけに、男女の仲の向上が社会の幸せを増やすための最重要科目だと気づき、幸せなカップルを増やすために活動中。恋愛テクニックで短期的に成功することより、心のあり方や精神的な成熟度を大事にし、恋愛、結婚生活が幸せに長続きするためのサポートを心がけている。

現在活動の軸にしている「恋愛セラピー（恋愛、結婚生活専門のカウンセリング）」は、来談者中心療法、ＮＬＰ（神経言語プログラミング）、ゲシュタルト療法、フォーカシング、イメージワーク、インナーチャイルドヒーリング（催眠療法）など多様な心理療法の技法と恋愛心理学の知識をベースに、長年恋人ができない、不倫癖を直したい、恋愛が長続きしない、夫婦の不仲、離別や浮気発覚後の心のサポートなどの相談を受けている。また、恋愛心理学講座および心理セラピスト養成講座の講師も務めている。

約2万人の読者を抱える人気メルマガ「女と男の『心のヘルス』― 癒しの心理学」を執筆し、2006年はまぐまぐ大賞にも入賞。恋愛で陥りがちな罠に気づかせる独特の切り口と愛情深い視点によって綴られる文章は、「目からウロコが落ちました」「涙が止まりませんでした」との感想が届くほど定評がある。

■女と男の「心のヘルス」― 癒しの心理学
ウェブサイト
http://www.556health.com/

メールマガジン
http://www.mag2.com/m/0000164141.html

あなたの恋愛がうまくいかない本当の理由
傷ついた心を癒す恋愛セラピー

2013年10月31日　初版第1刷発行

著　者　　阿妻靖史《あづまやすし》
発行者　　中川信行
発行所　　株式会社マイナビ
〒100-0003 東京都千代田区一ツ橋1-1-1 パレスサイドビル
TEL 048-485-2383（注文専用ダイヤル）
TEL 03-6267-4477（販売）／TEL 03-6267-4445（編集）
E-mail pc-books@mynavi.jp
URL http://book.mynavi.jp

ブックデザイン　米谷テツヤ（PASS）
イラスト　sino
編集　蓮見紗穂（マイナビ）
印刷・製本　図書印刷株式会社

ISBN978-4-8399-4881-8
Printed in Japan

M Y N A V I **B U N K O**

きれいのココロ

おのころ心平 著

女性にとって、ニキビや肌あれなどの美容にまつわる不調や、便秘や生理にまつわるカラダの不調は悩みのタネ。本書は、「ココロ」と「カラダ」のプロフェッショナル・カウンセラーである著者が、女性の「きれい」をはばむ症状の裏に潜むココロの仕組みに徹底的に迫ります。

定価　本体590円+税

MYNAVI BUNKO

キレイをつくる「食べ方」バイブル

美肌になる栄養セラピー

定真理子　山本博意 著

食べる物を変えれば、肌はツヤツヤ、髪はツルツル。余分な脂肪もスッキリして、シミやシワにもオサラバ！不快な生理痛や更年期障害も、"足りない"栄養を補うことで、改善できます。女性が抱えるあらゆる悩みを、栄養療法により解決する「すべての女性のための、美容栄養療法のバイブル」です。

定価　本体650円＋税

MYNAVI BUNKO

眠想で始める

しあわせ浄化生活

宝彩有菜 著

「瞑想」は15分で誰でもできる心と身体のリフレッシュ法。本書では、瞑想ですっきり浄化して、本来の穏やかで優しい自分に戻るための方法とその効能をイラストつきでわかりやすく説明していきます。

定価　本体590円+税

M Y N A V I **B U N K O**

100色の基本と配色がわかる!

配色イマジネーション事典

笹本みお 監修/CR&LF研究所 著

生活のなかに色をどう取り入れるかは、女性にとって大きな悩みどころ……。そこで、カラーセラピーの観点から色のメッセージを紹介し、また配色アイデアを900例掲載した本書の登場です。大きく7つの色グループにわけ、わかりやすく、配色バリエーションを紹介します。

定価 本体840円+税